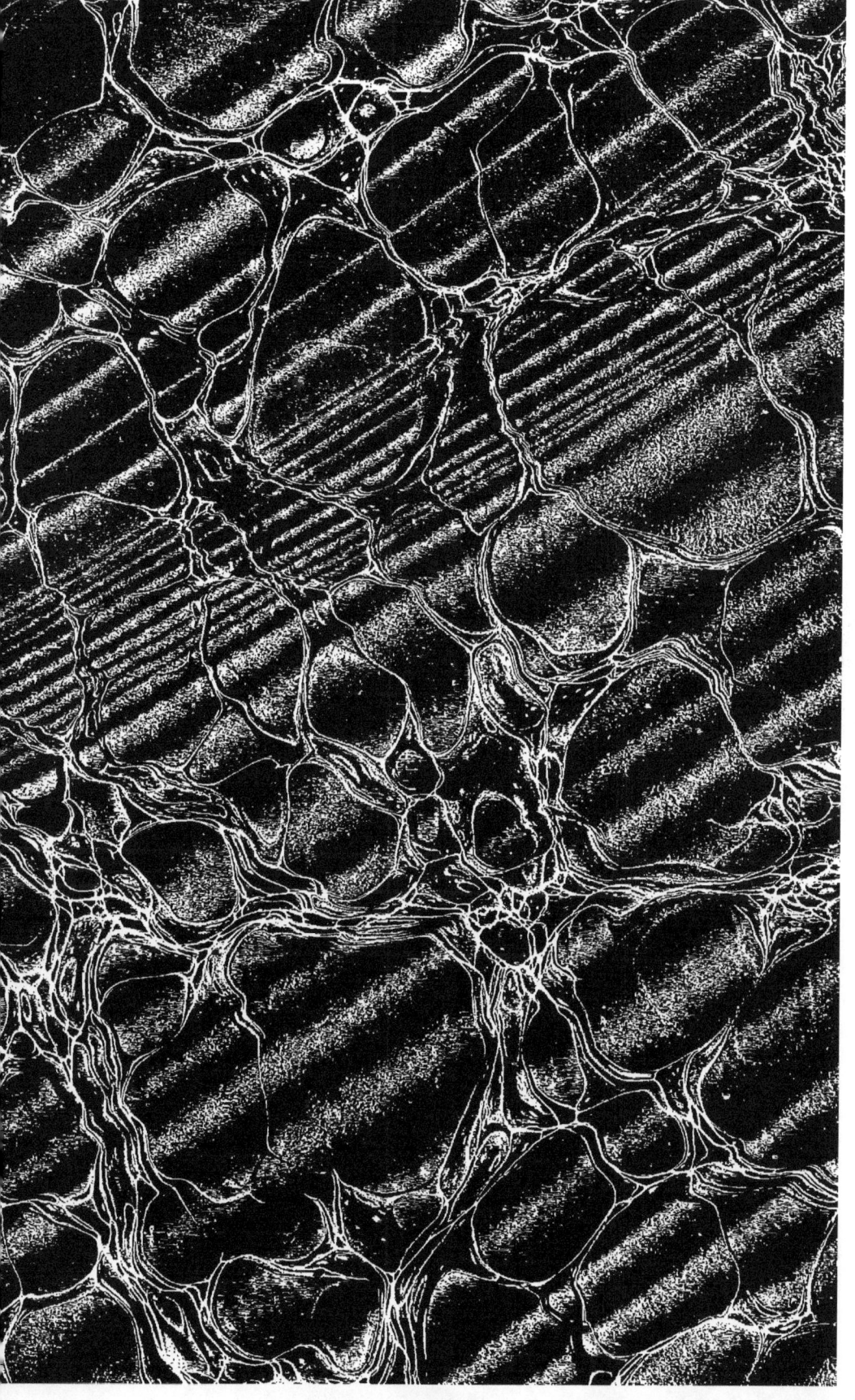

X.3844.
14.Y.K.

V.

LE
PATISSIER
PITTORESQUE.

OUVRAGES D'ANTONIN CARÊME.

LE PATISSIER ROYAL PARISIEN, ou Traité élémentaire et pratique de la pâtisserie ancienne et moderne; suivi d'observations utiles aux progrès de cet art, 2 vol. in-8°, ornés de 41 pl. dessinées par Carême, et gravées au trait à l'eau-forte par MM. Normand fils, Hibon et Thierry; 3° édition, 1841, revue, très augmentée, avec une notice historique sur Carême. Prix : 16 fr.

LE MAITRE D'HOTEL FRANÇAIS ; 2 vol. in-8°, nouvelle édition, 1842, ornée de 10 grandes planches dessinées par l'auteur, et gravées au trait à l'eau-forte par MM. Normand fils, Hibon et Thierry. Prix : 16 fr.

LE CUISINIER PARISIEN, ou l'Art de la cuisine française au XIX° siècle ; Traité des entrées froides, des socles et de l'entremets de sucre. 1 vol. in-8°, orné de 25 planches dessinées par Carême, et gravées au trait à l'eau forte, par MM. Normand fils, Hibon et Thierry ; Nouvelle édition, 1842. Prix : 9 fr.

L'ART DE LA CUISINE AU DIX-NEUVIÈME SIÈCLE, première partie. 2 vol. in-8°, ornés de 12 planches. Prix : 16 fr.
— Deuxième partie. 1 vol. in-8°, orné de 12 planches. Prix : 10 fr. 50 c.

DEUX RECUEILS in-folio, composés de six livraisons de projets d'architecture, destinés aux embellissemens de Paris et de Saint-Pétersbourg, par Antonin Carême, dédiés à feu l'empereur Alexandre, dessinés d'après les esquisses de l'auteur, par Mlle Ribaut, et gravés à l'eau-forte par MM. Normand fils et Hibon. Il ne reste plus que très peu d'exemplaires complets. Les souscripteurs en retard sont priés de se hâter, car il ne reste plus qu'un petit nombre d'exemplaires des dernières livraisons. Prix : 50 fr.

Imprimé aux presses mécaniques,
CHEZ PAUL RENOUARD,
rue Garancière, n. 5.

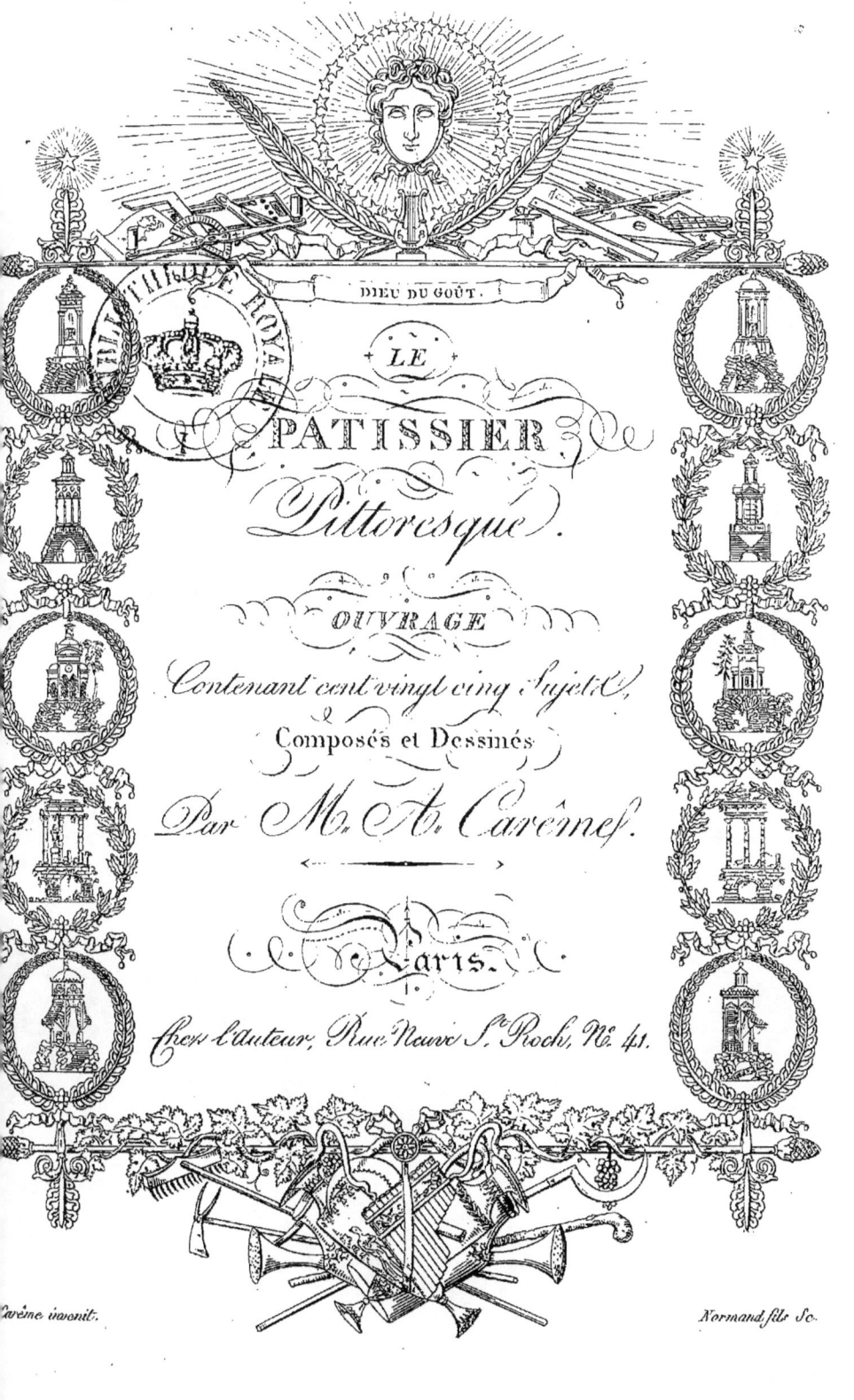

DIEU DU GOÛT.

LE PATISSIER Pittoresque.

OUVRAGE

Contenant cent vingt cinq Sujets,

Composés et Dessinés

Par M. A. Carême.

Paris.

Chez l'auteur, Rue Neuve St. Roch, No. 41.

Carême invenit.   Normand fils Sc.

LE
PATISSIER
PITTORESQUE,

composé et dessiné

Par M. ANTONIN CARÊME, de Paris,

CONTENANT

CENT VINGT-CINQ PLANCHES GRAVÉES AU TRAIT,
DONT CENT DIX REPRÉSENTENT UNE VARIÉTÉ DE MODÈLES DE PAVILLONS,
DE ROTONDES, DE TEMPLES, DE RUINES, DE TOURS, DE BELVÉDÈRES, DE FORTS, DE CASCADES,
DE FONTAINES, DE MAISONS DE PLAISANCE, DE CHAUMIÈRES,
DE MOULINS ET D'ERMITAGES;

PRÉCÉDÉ

D'un Traité des cinq ordres d'Architecture, selon VIGNOLE, auquel on a joint des détails des ordres Cariatide, Pœstum, Egyptien, Chinois et Gothique; tirés de l'Ouvrage de M. DURAND, Parallèle des Monumens antiques et modernes.

4ᵉ édition, revue et augmentée.

A PARIS, CHEZ MM.

J. RENOUARD et Cie, libraires, 6, rue de Tournon.   MANSUT, libraire, 30, place St.-André-des-Arcs.
TRESSE, libraire, 3, galerie de Chartres.   MAISON, libraire, 29, quai des Augustins.

Et au dépôt principal, rue Thérèse, n. 11.

A LONDRES, CHEZ W. JEFFS, 15, BURLINGTON-ARCADE.

1842.

A Monsieur Muller,

L'un des Maîtres-d'Hôtel, Contrôleur de la Maison de S. M. l'Empereur de toutes les Russies.

Monsieur,

La haute estime que vous avez daigné m'accorder, dans mon voyage au Congrès d'Aix-la-Chapelle, en me chargeant de la gestion des Travaux sous vos ordres, et surtout la manière affectueuse avec laquelle vous avez récompensé mes faibles talens, me déterminent à vous offrir l'hommage de ce nouveau Recueil de Dessins, que j'ai déjà eu le plaisir de vous présenter ; j'ai un autre titre à vos yeux, c'est d'avoir eu l'honneur de servir votre illustre Maître, Sa Majesté l'Empereur Alexandre, pendant ses deux séjours à Paris, à l'Elysée-Napoléon.

Recevez, Monsieur, l'assurance de ma haute considération.

Votre très humble
et très obéissant Serviteur,

Carême.

AVERTISSEMENT DE LA TROISIÈME ÉDITION,

(LA PRÉCÉDENTE.)

Depuis la seconde édition, j'ai ajouté à mes dessins de nouveaux ornemens; j'en ai supprimé dix, que j'ai remplacés par des pavillons égyptiens, mauresques, gothiques et espagnols, afin de réunir dans cette collection de dessins tous les genres d'ornemens connus, mais faciles à exécuter. Je me suis efforcé de porter cet ouvrage à son complément, avec toute l'élégance que réclame ce genre de pièces montées.

Mais, pour bien connaître les détails et l'ensemble de ces dessins, il faut de toute nécessité que les jeunes praticiens apprennent les détails et les proportions des cinq ordres d'architecture, selon Vignole, que j'ai rapportés dans ce volume, augmentés d'un traité des ordres *cariatides, pæstum, égyptien, chinois* et *gothique*. J'ai pensé, en réunissant ces détails d'architecture à cet ouvrage, que les jeunes gens pourraient aisément y puiser les notions des ordres selon Vignole, et selon le célèbre Durand, auteur du grand ouvrage d'architecture intitulé : *Parallèle des Monumens antiques et modernes,* ouvrage dans lequel j'ai puisé les détails des cinq ordres que j'ai ajoutés à ceux de Vignole.

Je vois avec plaisir que nos jeunes confrères apportent plus de zèle et d'application dans leurs travaux; ils sont devenus plus adroits; ils exécutent des pièces montées avec goût et élégance; et, pour leur rendre ce volume de dessins plus facile à saisir dans les détails, j'ai joint à cette nouvelle édition les plans d'une partie de ces mêmes dessins et surtout l'analyse d'un grand nombre de pavillons, ce qui leur en simplifiera l'exécution.

Je dois faire observer aux jeunes praticiens que ce genre de pièces montées, pittoresques, ne doit être exécuté qu'avec deux ou trois couleurs au plus, et qu'il est essentiel que ces couleurs soient tendres dans leurs nuances. En décrivant dans ce traité les détails des ordres d'architecture anciens et modernes, mon désir a été de les rendre familiers avec leurs proportions et distributions; seul moyen pour arriver à la connaissance parfaite de l'art du *Pâtissier français*.

Je me suis fait un devoir de rester fidèle à mon état, qui exige les hauteurs et largeurs que j'ai données à ces dessins : j'eusse cessé d'être pâtissier, si je m'étais aveuglément abandonné à mon goût naturel pour le genre pittoresque, tel que je le conçois pour l'embellissement des parcs des princes et des jardins particuliers.

TABLE DES MATIÈRES.

Épître dédicatoire. I
Avertissement. III
CHAPITRE PREMIER. I
Manière de préparer la pâte d'office. . . . 2
Manière de préparer la pâte d'amande. . . . 3
Manière de préparer le pastillage. 6
Moyen de dorer le pastillage. 8
Autre procédé pour dorer le pastillage. . . . 9

Manière de bronzer le pastillage. 9
Manière de couler et dorer la cire. 10
Manière de couler les planches de soufre. . . 11
Observations sur mes dessins. 12
CHAPITRE DEUXIÈME. 19

Observations sur certaines grosses pièces dont les colonnes doivent être de couleur.

CHAPITRE TROISIÈME. 39

Traité des cinq ordres d'architecture de Vignole.

Détails des cinq ordres d'architecture selon Vignole. 43
Observations sur mon mastic. 49

CHAPITRE PREMIER.

OBSERVATIONS.

Je vais donner quelques détails sur ces pièces montées, qui doivent désormais faire l'ornement des tables opulentes de Paris. Ces dessins simplifiés peuvent être exécutés aisément en pâtisserie mangeable. L'homme industrieux s'en servira avec fruit. Je donne volontiers la préférence aux grosses pièces montées en pâtisserie mangeable : ce genre a l'avantage de pouvoir être exécuté en très peu de temps; en effet, on peut en deux jours produire quatre de ces grosses pièces (1), tandis que, pour en obtenir quatre du genre pittoresque exécutées en pâte d'amande, on mettrait au moins huit jours. Mais, il faut le dire, ces dernières sont infiniment plus agréables pour nos grands *extras*, où nous devons exécuter trente à quarante de

(1) Pendant les mois de juin, juillet et août 1814, il se donna six grands dîners d'ambassadeurs, dans les superbes galeries des Relations extérieures. Cette saison, certes, n'est pas propre à la pâtisserie ; cependant , en deux jours je fis ma partie ; elle se composait d'habitude de quatre grosses pièces de fond, quatre de colifichets, huit entremets de pâtisserie , huit de sucre, et quatre entrées.

ces colifichets pour être servis le même jour. Voilà véritablement où nous devons faire briller ce genre de décors, qui alors nous rendra de grands services; il fait valoir nos talens, et surtout nous facilite le temps nécessaire pour mettre de l'ordre au moment du service; nous devons le faire au moins deux heures avant que la pâtisserie ne paraisse sur les tables et buffets.

Ces pièces montées étant susceptibles d'être exécutées en pâte d'office, ou en pâte d'amande et en pastillage, je vais rapporter ici quelques détails précis sur ces pâtes remarquables et distinctes.

Manière de préparer la pâte d'office de couleur.

Vous détrempez, selon la règle, quatre livres et demie de farine, trois livres de beau sucre passé au tamis de soie, et huit à dix blancs d'œufs seulement et une demi-once de gomme adragante, dissoute dans le quart d'un verre d'eau. Après l'avoir fraisée six tours fins, cette pâte doit se trouver très blanche, bien ferme et ayant beaucoup de corps.

Avec la moitié de cette pâte d'office, vous disposez les abaisses nécessaires pour grouper l'un de ces dessins, et les faites sécher au four doux, afin que ces abaisses soient très blondes de couleur; ensuite, vous divisez le reste de la pâte en trois parties égales; vous colorez l'une d'elles d'un beau rose vif; une autre partie en lilas très tendre; et la dernière en lilas plus foncé. Avec cette dernière, vous disposez les soubassemens de l'une de ces pièces; ensuite, vous formez les colonnes de la pâte rose, et faites tous les ornemens avec la pâte lilas de couleur plus claire. Toutes ces sortes de détails doivent sécher à l'étuve (par conséquent à feu doux) ou sur le four, et quatre à cinq jours après, vous montez la grosse pièce en les collant avec du repère, c'est-à-dire de la colle pâtissière que vous aurez préparée ainsi : Vous broyez sur le tour les parures de la pâte d'office lilas avec de la gomme arabique, dissoute dans de l'eau pour la rendre molle, très lisse et très collante (1). Afin de fixer les ornemens; vous employez simplement la gomme dissoute, que vous posez légèrement avec la pointe d'un petit pinceau putois.

On doit observer, en montant ces jolis colifichets, de ménager la colle-pâtissière, afin de la rendre par ce soin invisible; si elle était aperçue, cela décèlerait un manque de soin dans le travail.

Manière de préparer la pâte d'amandes.

Vous émondez deux livres d'amandes douces, que vous laissez tremper douze heures dans une terrine pleine d'eau fraîche; ensuite, vous les égouttez en les roulant dans une serviette, et après en avoir pilé le quart parfaitement, vous le passez par le tamis de

---

(1) On nomme cette pâte ainsi préparée, *colle-pâtissière*, vulgairement dénommée par l'épithète de *repère*.

crin un peu serré, et recommencez trois fois la même opération, en ayant soin d'humecter les amandes avec un peu d'eau et le jus de deux citrons, pour éviter qu'elles ne tournent à l'huile. Lorsque les deux livres d'amandes sont passées au tamis, vous les mêlez avec une spatule dans une grande bassine avec deux livres de sucre cristallisé passé au tamis de soie. Placez le tout sur un feu très doux, en remuant continuellement, afin que la pâte ne s'attache pas à la surface de la poêle. Sitôt que la pâte d'amandes ne tient plus aux doigts en les posant dessus, vous la versez dans le mortier, et quand elle n'est plus que tiède, vous la pilez en y mêlant deux onces de gomme adragante dissoute dans un verre d'eau et passée à la serviette; plus, le jus de deux citrons et une livre de sucre royal passé au tamis de soie; ce qui doit rendre la pâte blanche et très liante. Alors vous l'enlevez du mortier sur le tour de marbre : saupoudrez de sucre fin, et après avoir coupé la pâte en deux parties, vous la colorez de cette manière : pour la couleur rose, vous y mêlez du carmin ou du rouge végétal ou de l'infusion de cochenille, où vous aurez mis un peu d'alun ou de crême de tartre. On la colore également rouge amarante. Pour la colorer jaune, vous y joignez de la gomme gutte ou une infusion de safran. Pour la colorer verte, vous y incorporez de l'essence de vert d'épinards, ou du bleu d'indigo mêlé de safran ou de gomme gutte.

Pour la colorer bleu de ciel, vous y joignez du bleu d'indigo broyé à l'eau sur le tour de marbre; on la colore également bleu de roi.

Pour la colorer lilas, vous y amalgamez du bleu broyé et du rouge végétal.

Pour la colorer violette, vous procédez de même que ci-dessus; mais le rouge doit dominer le bleu, tandis que dans le lilas, c'est le bleu qui domine.

Pour la colorer orange, vous y mêlez du safran et du rouge végétal ou du carmin.

Pour la colorer aurore, vous employez du rouge et du safran; mais le jaune doit dominer.

Pour la colorer au chocolat, on y amalgame de ce dernier dissous. Il est important d'avoir soin de mettre peu de ces sortes de couleurs, afin d'obtenir, par ce moyen, des couleurs légères et jolies. On emploiera les mêmes procédés que ci-dessus pour colorer la pâte d'office et le pastillage.

Je ferai observer que, pour obtenir ces jolies grosses pièces avec tout l'éclat dont elles sont susceptibles, on doit ne les composer que de deux ou trois couleurs seulement.

Pour conserver cette pâte ainsi préparée, on doit la déposer dans une grande terrine de faïence ovale semblable à celle qui sert à la confection des terrines de volaille aux truffes, façon de Nérac.

Ensuite pour exécuter une de ces grosses pièces, on remplira le quart de la pâte avec du sucre royal passé au tamis de soie, au fur et à mesure qu'on l'emploie, afin de rendre la pâte d'amande ferme et lisse au toucher. Cet appareil doit être préparé avec une extrême propreté, pour l'obtenir d'une blancheur parfaite; car ces sortes de colifichets doivent être exécutés en blanc. Les détails d'ornemens seront exécutés avec des pâtes de couleurs jolies et tendres. Je ferai connaître ces couleurs dans le chapitre suivant.

Il est cependant un certain genre de ces petits modèles dont les colonnes doivent être de couleur, tandis que les détails seront blancs et de couleur, tels, par exemple, que les pavillons chinois, asiatiques, persans, égyptiens, mauresques et rustiques.

Manière de préparer le pastillage.

Pour exécuter l'une de ces grosses pièces, vous demandez chez un épicier-droguiste trois onces de gomme adragante triée; ensuite vous la mettez dans un grand pot à confiture, et versez par-dessus deux verres d'eau tiède. Couvrez le tout d'un papier; et, six heures après, remuez la gomme avec le grand couteau, afin qu'elle fonde également. Le lendemain matin, vous passez le tout dans un gros torchon, que vous tordez fortement à deux personnes : alors la gomme en sort blanche et très pure. Vous la mettez dans un mortier très propre, et la broyez avec le pilon, en y joignant par intervalle une livre et demie de sucre royal passé au tamis de soie; ce qui donne singulièrement de corps à la gomme, qui alors doit être très blanche. Après cela, vous la mettez dans une terrine ovale; ensuite vous humectez un torchon blanc que vous ployez en huit, et le placez sur la gomme.

On la prépare également sur un marbre : alors,

après l'avoir posée, vous la broyez avec le poignet, en y mettant la livre et demie de sucre.

Je trouve le procédé du mortier plus convenable; mais n'ayant pas celui-ci, on opère sur le marbre.

Lorsque vous voulez employer la gomme, vous en prenez le quart que vous mettez sur le tour de marbre, où vous aurez versé deux livres d'amidon passé au tamis de soie; et, avec le bout des doigts, vous remplissez la gomme en y amalgamant l'amidon pour la rendre d'un corps ferme et lisse. Si vous voyez que le pastillage ait par trop de corps, vous le coupez en deux parties, et mêlez deux cuillerées (à bouche) d'eau avec deux cuillerées de poudre : joignez ce mélange dans la moitié du pastillage qui, par ce procédé, devient plus doux au toucher. Vous en faites autant à l'autre partie; et si vous le jugez encore avoir trop de corps, vous recommencez la même opération.

Vous procéderez de la même manière pour remplir les deux tiers de la gomme restante; ensuite vous colorez le pastillage, en suivant les détails décrits pour la colorisation de la pâte d'amandes.

Les couleurs du pastillage sont plus vives et plus brillantes que celles de la pâte d'amandes et d'office; cela provient des différens corps qui le composent.

Pour travailler le pastillage avec aisance et succès, vous devez l'employer par petites parties; et, en rassemblant les parures, vous y mêlez un peu de gomme conservée à cet effet. On doit aussi avoir une petite poudrette, que l'on prépare en mettant deux cuillerées d'amidon dans un petit linge fin noué avec une ficelle, en serrant légèrement la poudre : alors, en tapant cette poudrette sur les objets que vous travaillez, vous les empêchez de s'attacher au tour et aux doigts ; mais il faut s'en servir particulièrement pour tirer les modèles des planches gravées.

Il est important de remarquer qu'on doit, avant de coller les ornemens, les laisser reposer quelques minutes, afin d'éviter par ce soin la retraite du pastillage qui, étant posé trop frais, se casse en se séchant. La même chose a lieu si le pastillage se trouve avoir trop de corps, c'est-à-dire, trop fort en gomme.

Pour faire du pastillage mangeable, vous ne remplissez la gomme que de sucre royal passé au tamis de soie, en place de l'amidon.

Moyen de dorer le pastillage.

Les objets que l'on destine à être dorés doivent être d'un beau fini et très secs : alors vous les masquez avec un petit pinceau imbibé de mixtion délayée avec de l'huile grasse (que vous aurez demandée chez un marchand de couleur), et, dix à douze heures après, vous posez légèrement le bout du petit doigt sur les objets. Alors si la mixtion n'est plus collante, vous y placez des feuilles d'or (1), que vous y appuyez avec

---

(1) Vous demandez également chez le marchand de couleur un livret d'or citron ; avec des ciseaux vous le coupez dans son épaisseur de différentes longueur et largeur ; et au fur et à mesure que vous les employez, vous en prenez un feuillet que vous enlevez avec le papier qu'on ôte après avoir placé l'or.

un pinceau putois court et bien sec; et sur les endroits où l'or n'aurait pas pris, vous poussez légèrement l'haleine pour y mettre aussitôt un peu d'or; puis vous frottez doucement avec le pinceau la surface du pastillage, afin de le rendre brillant. On emploie les mêmes procédés pour argenter.

Autre procédé pour dorer le pastillage.

Demandez chez l'épicier-droguiste quatre gros de bol d'Arménie et autant de sel ammoniac; broyez ce mélange sur le tour de marbre, en y joignant un peu d'eau de savon pour le rendre liquide; alors vous le mettez dans un petit pot; ensuite vous battez en neige un blanc d'œuf avec le même volume d'eau; et, après l'avoir laissé reposer vingt minutes, vous le passez sans pression par un linge fin, et masquez de ce liquide l'objet que vous voulez dorer. Dès qu'il est bien sec, donnez une seconde couche au pastillage avec la mixtion du petit pot; lorsque l'objet est bien sec, vous l'humectez légèrement avec la préparation du blanc d'œuf; après quoi vous commencez à dorer, en appuyant les feuilles d'or avec le pinceau.

On emploie les mêmes procédés pour argenter.

Manière de bronzer le pastillage.

Ces objets doivent être de couleur vert-antique et

Je donne ces procédés, qui sont simples et faciles, car s'il me fallait parler du suif que les doreurs se mettent à la joue, du petit coussin et du couteau, les pâtissiers riraient de cet appareil, et de plus ils ne pourraient s'en servir.

bien secs; vous les masquez légèrement avec du vernis n° 2, que vous aurez soin d'étaler bien également; une heure et demie après, vous posez le bout du petit doigt dessus, alors le vernis ne doit plus être collant. C'est dans ce moment que vous frottez le pinceau (étant sec) sur une feuille de papier où vous aurez versé le quart d'un petit paquet de bronze (que vous trouverez chez le marchand de couleurs); mais vous avez soin de le frotter ensuite sur un gros linge ou sur un petit morceau de flanelle, afin d'en séparer le gros bronze; après quoi vous passez le pinceau sur les parties saillantes du pastillage, qui devient aussitôt cuivré par le bronze, qui s'y attache au moyen du frottement du pinceau. Lorsque le vernis se trouve trop sec, le bronze ne peut s'y attacher; alors vous passez dessus votre haleine, et le bronzez aussitôt.

Pour que le bronze soit beau, il ne doit masquer que les ornemens qui se trouvent en saillie des masses; ce qui produit un grand effet.

Manière de couler et dorer la cire.

Faites fondre au bain-marie de la cire vierge, dans un vase à bec et de terre vernissée. Versez-la ensuite dans le moule que vous aurez légèrement huilé, et démoulez-la lorsqu'elle est tiède encore.

Après l'avoir parfaitement parée d'un beau fini, vous la masquez légèrement avec le pinceau imbibé dans un jaune d'œuf, que vous aurez délayé avec une petite cuillerée de sucre passé au tamis de soie. Lorsque cette préparation est sèche de même que les mixtions précédentes, vous dorez selon la règle.

Manière de couler les planches de soufre.

Après avoir levé les objets qui doivent avoir parfaitement l'empreinte de la gravure des planches, vous les humectez par-dessous avec de la gomme arabique dissoute, pour les coller ensuite de ce côté sur un marbre très uni. Vous encadrez ces modèles, en déterminant la grandeur de la planche par des bandes de carton, que vous faites tenir au marbre, en les fixant à l'entour avec un peu de pastillage.

Cette opération terminée, vous mettez dans un moyen poêlon neuf, de terre vernissée, deux livres de soufre en canon placées sur un fourneau modéré.

Lorsqu'il est dissous, vous y mêlez trois quarterons d'ardoises pilées et passées au tamis de soie, ou le même poids de sciure de marbre passée au tamis de soie, ou, en place, douze onces de limaille de fer passées au tamis de crin. Remuez la matière avec un petit batelet; ôtez-la du feu, et remuez-la encore un moment : aussitôt qu'elle commence à se figer à sa surface, vous masquez légèrement les modèles avec de l'huile, et versez dessus le soufre que vous laissez prendre un peu, afin de pouvoir y incruster des parties de grand fil d'archal, que vous aurez coupées de la longueur de la planche ; par-dessus, vous versez çà et là le marc du soufre qui sera resté au fond du poêlon.

La planche étant presque froide, vous enlevez avec la pointe d'un canif les modèles qui se trouvent incrustés; alors la planche doit en avoir la parfaite empreinte. Si vous y apercevez de petits globules d'air, alors la planche est mal coulée, et cela dépend quelquefois d'avoir versé la matière trop chaude, ou à une trop grande distance des modèles. Lorsque les modèles ne quittent pas aisément la planche, on met celle-ci tremper dans un seau d'eau de puits; et, quelques heures après, on la frotte légèrement avec une brosse.

Observations sur mes dessins.

Je fus de bonne heure curieux de connaître ce que Paris renferme de beau, d'utile et d'agréable. — Je visitais souvent, et toujours avec un nouveau plaisir, ses grands édifices; la Bibliothèque royale opéra sur moi un grand changement : mes yeux ne pouvaient se lasser d'admirer ces chefs-d'œuvre immortels qui attestent la civilisation et le génie des grands hommes qui ont illustré leur siècle et leur patrie. Je ne manquais jamais le mardi et le vendredi, jours publics, d'y aller passer quelques heures. Le grand cabinet des estampes et gravures m'inspira le beau sentiment de l'émulation; et peu-à-peu je sortis du néant où le sort m'avait fait naître : j'éprouvai dès-lors le besoin de m'instruire. — J'apportai tout le zèle nécessaire pour devenir homme à mon tour. — J'eus bientôt voyagé d'un pôle à l'autre, sans cependant trop comprendre la narration ; mais tout ce qui avait rapport au dessin saisit mon imagination : l'Égypte, la Grèce et l'Italie m'inspirèrent le goût de l'architecture.

Ces recherches me firent un bien infini.

En effet, lorsque j'eus suffisamment étudié les voyages de l'Inde, de la Chine, de l'Égypte, de la Grèce, de la Turquie, de l'Istrie et de la Dalmatie, de l'Italie et de l'Allemagne, les vues pittoresques de la Suisse (1), je commençai à composer mes dessins selon l'architecture de ces contrées. Je fus contraint toutefois de me restreindre aux lois bizarres que mon état de pâtissier m'imposait. — Je ne pus me servir d'un grand nombre de petits monumens de ces pays, parce qu'ils étaient trop compliqués dans leurs détails, et demandaient trop de temps pour l'exécution. Je ne pus m'en servir, n'étant pas propres à mon état, attendu que je ne pouvais dépasser ni la largeur ni l'élévation des objets que je voulais représenter, en ce que le plateau de mes grosses pièces montées ne pouvait avoir que vingt à vingt-quatre pouces au plus de diamètre sur trente à quarante-huit d'élévation. Sans cela, tous ces petits monumens n'auraient pas été trouvés aussi élégans ; puis il me fallait imiter des

---

(1) Je me plaisais fort avec Serlio, Palladio et Vignole, et je repassais souvent en revue les beaux ouvrages de nos célèbres architectes modernes, de MM. Durand, Percier, Fontaine, Charles Normand, etc.

choses isolées et les plus simples possibles, qui pussent en même temps être agréables à la vue. Voilà pourquoi tous mes dessins ne représentent que des chaumières, des ponts, des pavillons, des temples, des rotondes, des ruines, des cascades, des fontaines, des belvédères, des forts, des tours, des phares, des pyramides, des rochers, des cassolettes, des coupes, des vases, des corbeilles, des palmiers, des gerbes, des trophées de marine, de guerre et de musique, des casques antiques et modernes, des lyres, des harpes, enfin tout ce que j'ai pu exécuter en pâtisserie (1). Mon but a donc été d'être utile à mon état, et aux hommes qui veulent y devenir fameux. Les jeunes gens qui seront studieux, trouveront dans mes dessins de grands moyens d'instruction, et pourront, en peu de temps, faire des progrès rapides; mais il faut, pour cela, s'adonner au dessin, et ne pas craindre de veiller, afin de recommencer souvent mes ornemens, pour les avoir dans la mémoire; car lorsque nous sommes à l'ouvrage, il faut que l'idée soit pleine de ce que nous voulons faire; nos doigts ne sauraient agir si la mémoire ne les commande.

Puis il faut toujours être simple et correct dans son décor : c'est ce qui distingue l'homme de goût.

Rien n'est si gauche que de lésiner sur ce que l'on veut faire; cela dénote l'homme à petits moyens, qui

---

(1) Un jour un envieux me disait : « Il n'est pas étonnant que vous ayez tant de variété, vous allez à la Bibliothèque dessiner. — Eh bien, lui dis-je, que n'en faites-vous autant ? Ce privilège est public : en profite qui veut ; mais pour cela il ne faut pas être paresseux. » J'adressais ces paroles à un fainéant du premier ordre.

n'est pas d'accord avec lui-même. Nous sommes intimidés par ceux qui travaillent avec nous : et si nous sommes seuls, nous ne faisons rien qui vaille. C'est pour cela que tous les hommes ne sont pas propres à cette partie. J'ai vu des jeunes gens qui dessinaient fort bien la figure, l'architecture, l'ornement et le paysage, et qui, pourtant, ne pouvait ni composer ni exécuter aucun décor pour l'ornement de leur état. Cela m'étonnait toujours. — Et c'est ce qui m'a déterminé à donner à mes ornemens la plus grande simplicité possible, afin de les rendre d'une exécution plus facile.

Il faut, pour être décorateur, avoir le goût de son état, être adroit et minutieux. Je le répète encore, les jeunes gens qui ont du goût doivent avoir l'envie d'être un peu dessinateurs. Sans cela, les idées sont toujours imparfaites : le dessin est utile dans toute chose; l'homme industrieux s'en sert avec fruit, dans quelque état que ce puisse être.

Lorsque j'ai commencé à fréquenter avec assiduité la Bibliothèque, j'avais dix-huit ans; j'étais premier tourrier chez M. Bailly, pâtissier, rue Vivienne. Je n'oublierai jamais tous les égards que ce bon M. Bailly a eus pour moi, en me facilitant des sorties pour aller dessiner au cabinet des gravures. Mais il fit bien plus encore, en m'accordant assez de confiance pour me charger du soin et de l'exécution des pièces montées qui lui étaient commandées; car à quoi bon tous mes dessins, si je n'avais pu les faire en pâtisserie, pour en voir l'effet et la tournure? Toutes ces premières grosses pièces étaient trouvées gentilles, et cela m'encourageait beaucoup. Aussi étais-je attaché à cet homme respectable, qui me donna le premier tous les moyens de devenir ouvrier. Lors de la paix avec l'Angleterre, en 1801, je crois lui avoir prouvé ma reconnaissance par mes travaux assidus : combien de nuits j'ai passées pour mieux finir mes pièces montées ! M. Bailly me dédommageait de ces fatigues par de bons appointemens, et surtout des procédés que je n'oublierai de ma vie. C'est là où je me formai un genre tout différent de celui de mes confrères en réputation. A cette époque, on ne parlait que du fameux Avice (et de son élève M. Héneveu). J'avoue franchement que leur brillante renommée me donna le désir de devenir aussi connu qu'eux s'il était possible ; et dès-lors j'eus la volonté de faire, à mon tour, les grands extraordinaires. J'ai réussi dans mes calculs : mais que de nuits j'ai passées pour arriver là ! car je ne pouvais réellement m'occuper de mes dessins qu'après l'ouvrage terminé, et depuis neuf ou dix heures du soir. Je travaillais pour moi les trois quarts des nuits ; et quand je me vis possesseur de douze dessins différens, tous propres à mes grosses pièces montées, je désirai en avoir vingt-quatre, puis cinquante, et puis cent ; enfin j'en composai deux cents, tous plus singuliers les uns que les autres, et cependant tous faciles à être exécutés en pâtisserie. Voilà le fruit de trois années d'application, de recherches intelligentes et assidues.

Après trois ans je quittai M. Bailly pour entrer chef chez le successeur de M. Gendron. Là, je fis mes arrangemens que lorsque je serais mandé pour un extraordinaire, je pourrais quitter sans difficulté : cela me fut accordé. Alors je travaillais dans différentes grandes maisons où j'avais déjà été occupé lorsque j'étais chez M. Bailly. Un an après je quittai tout-à-fait les maisons pâtissières pour suivre mes travaux extraordinaires, et bientôt je jouis de l'estime et de la bienveillance des hommes les plus recommandables de mon état. Je gagnai beaucoup d'argent, et cela seul me prouva, mieux que toutes les flatteries des hommes, que j'avais dans mon genre de travail quelque chose d'original que l'on aimait ; aussi mes envieux disaient-ils : « Voyez-vous quel bonheur est le sien ! »

Les pauvres gens ? — ils ignoraient combien de veilles pénibles j'ai passées pour arriver à cette place distinguée.

CHAPITRE DEUXIÈME.

Observations sur certaines grosses pièces dont les colonnes doivent être de couleur, afin de leur donner tout le caractère dont elles sont susceptibles, et autres détails essentiels à connaître pour les jeunes praticiens.

PLANCHE 4. — Tour de Rhodes.

Cette grosse pièce est carrée : les cinq petites tourelles sont rondes. Cette pièce doit être rayée de blanc et de chocolat; c'est la couleur qui convient le mieux. Les treillages des croisées et la galerie doivent être de couleur orange. Le pont sera marbré de blanc et de vert; les bordures seront vertes, ainsi que les toits des tourelles.

PL. 7. — Pavillon mauresque.

Ce pavillon est carré : les colonnes sont en saillie, et forment la croix grecque, ainsi que le dessin le représente. Les archivoltes sont circulaires. Le fond du pavillon, sur lequel elles se trouvent appuyées, doit être exécuté en mosaïque rose-pâle. Les petites rosaces qui la décorent, en pâte au chocolat couleur tendre. Les détails des chapiteaux, des archivoltes, les encadremens des pavillons, ainsi que les deux corniches, seront exécutés en rose-pâle, ainsi que les franges des draperies. Le petit pont et le balcon seront couleur chocolat.

Le rocher doit être en biscuit au safran, et les parties de mousse qui le décorent doivent être d'un beau vert-printanier.

PL. 10. — Grand pavillon rustique.

Ce pavillon est carré : on doit l'exécuter couleur chocolat au lait; les toits et le treillage du petit pavillon doivent être en vert-pâle: les draperies des croisées, d'un rose-tendre, dont les franges seront blanches.

Le pont doit être marbré de blanc et de couleur chocolat; son arcade doit imiter la brique; les bordures doivent être blanches.

PL. 11. — Maison de plaisance turque.

Cette pièce est carrée : les colonnes de son pavillon doivent être d'un bleu tendre; les draperies sont blanches rayées, de jaune; la tente doit être rayée de la même manière. Les autres ornemens du toit sont bleutendre; le demi-dôme qui se trouve en face de l'escalier, sera blanc rayé de bleu; les treillages des croisées, ainsi que les ornemens qui les entourent, doivent être jaunes.

Les bordures du pont et ses galeries sont également jaunes.

PL. 13. — Ermitage suisse

Le rocher est en biscuit vert-pâle; les mousses qui le décorent sont vert-pistache. Les charpentes de l'ermitage sont couleur chocolat, ainsi que les deux arbres qui soutiennent le toit de la porte. La charpente de la clochette doit être chocolat très pâle, ainsi que la rampe du rocher; les toits doivent imiter le chaume. Les branches du palmier sont vertes, tandis que le corps de l'arbre doit être d'un vert très tendre. La clochette sera jaune.

PL. 15. — Pavillon chinois sur un rocher.

Ce rocher n'est pas facile à faire; son exécution présente des difficultés (*Voir le dessin*). Vous préparez donc un appareil de biscuit marbré de vert et de jaune, en le versant dans une grande caisse carrée. Observez qu'il faut conduire l'appareil d'un bout de la caisse à l'autre, afin d'obtenir les nuances fines.

Le biscuit étant rassis de deux jours, vous le coupez en travers, puis en carré pour en former ensuite des boules de différentes grosseurs, que vous faites encore sécher deux jours à l'étuve; après quoi vous groupez le rocher. On doit s'apercevoir que, pour produire l'effet de ce même rocher, il faut toujours placer les boules du côté où le biscuit a été coupé en travers.

Les pilastres des deux pavillons doivent être rouge-amarante; les socles, les archivoltes seront en pâte d'amande blanche; tous les autres détails d'ornemens doivent être lilas-foncé. Les petites clochettes et les dômes de couleur jaune-citron. Les vitraux doivent être violets et blancs.

PL. 16. — **Grand pavillon gothique des 44 colonnes.**

Cette grosse pièce est assez difficile à monter, attendu que les colonnes se trouvent groupées par sept à chaque angle, ainsi que le dessin le représente. Ce qui donne 28 colonnes pour le grand pavillon, et 16 pour le petit, les colonnes étant groupées par 4. Tout le matériel de la pièce doit être exécuté en pâte blanche, tandis que tous les détails des ornemens des deux pavillons seront d'un violet-clair et d'un violet plus foncé. Le pont doit être également blanc, et ses détails d'ornemens en pâte colorée orange.

Cette grosse pièce est des plus élégantes.

PL. 20. — **Pavillon parisien en treillage.**

Le rocher sera nuancé de jaune et de couleur

orange. La galerie est rose et verte; les colonnes, qui sont au nombre de 16, doivent être exécutées d'un vert-printanier; les deux entablemens d'un vert-pâle, orné de petits filets roses. Les coupes et la boule du petit pavillon sont jaunes.

PL. 22. — Pavillon moscovite.

Le rocher doit être exécuté en biscuit marbré de rouge, et de couleur orange et jaune; le pavillon est de couleur chocolat au lait; les jalousies ainsi que les galeries doivent être vertes, les vitraux des croisées jaunes et violets; le fragment de l'arcade qui soutient le pont peut être exécuté en pâte d'amande marbrée de blanc et de vert.

PL. 25. — Grand pavillon chinois.

Le pont doit être exécuté en pâte d'amande blanche, sur laquelle on dessinerait, avec un petit pinceau enduit de couleur acajou, des nœuds tels que le dessin l'indique. Les colonnes des deux pavillons doivent être exécutées de couleur rose; les chapiteaux et les bases en jaune; les toits d'un vert-pâle; les draperies blanches et les franges roses. Les caractères en lettres chinoises, qui se trouvent sur les draperies, sont peints en jaune.

Les ornemens des toits, les clochettes, les treillages et la galerie du pont, doivent être de couleur jaune et vert-pistache.

PL. 27. — Rotonde grecque.

Le rocher peut être exécuté en biscuit jaune, orné de mousse verte en pâte d'amande. Les socles, les colonnes et les entablemens des deux rotondes doivent être blancs, et tout le reste des ornemens en violet. Les draperies et les rideaux seront en rose tendre; les franges blanches.

Le pont qui porte la rotonde, vert-pâle, ainsi que les deux toits.

PL. 29. — Pavillon italien.

Cette pièce est octogone : les deux façades principales sont en saillie, tel que le représente le dessin; elle doit être exécutée en pâte blanche, tandis que les bases, les chapiteaux et les entablemens seront bleu de ciel, et les balustres jaune-pâle, ainsi que les franges des draperies et des stores.

Le petit pont et le corps de l'arbre chocolat; le rocher sera exécuté en biscuit marbré vert-pâle, et couleur orange; ce qui produit bon effet. Le feuillage de l'arbre, comme la mousse, d'un vert-printanier.

Les piques qui supportent les stores, puis les huit boules et la petite cassolettte qui couronne la pièce, doivent être exécutées couleur citron.

PL. 30. — Pavillon indien.

Le pont doit être en pâte blanche, nuancée de bleu de roi. L'encadrement bleu céleste ; les colonnes blanches; les bases et chapiteaux, ainsi que les ornemens des toits et la galerie, doivent être jaunes ; les draperies d'en haut et d'en bas doivent être de couleur blanche rayée de bleu de roi; les franges et les petits œufs en blanc.

PL. 32. — Tente moderne.

Le pont ainsi que les escaliers doivent être exécutés en pâte d'amande blanche. L'ornement qui ceint l'arcade du pont vert-pâle et blanc, ainsi que les rampes; les faisceaux qui forment les colonnes de la tente, sont de couleur lilas. Les draperies sont blanches, et les franches, ainsi que les draperies du haut de la tente, sont vert-pâle; la grande frange qui tombe autour des toits, ainsi que les liens des faisceaux, doivent être en jaune; et les huit couronnes d'un vert-printanier. Le casque qui fait le couronnement est blanc, orné de petites bandes jaunes, son panache est blanc.

PL. 33. — Pavillon suédois.

Le rocher doit être en biscuit jaune et rouge, orné

de groupes de mousse verte; les douze colonnes du pavillon sont blanches, décorées de petites bandes bleues. Les chapiteaux, les archivoltes, les boules, les flèches des petits drapeaux, ainsi que la flèche du grand dôme, la galerie, doivent être exécutés d'un beau jaune citron; les draperies blanches et les franges bleues, comme les ornemens du dôme, dont le fond sera blanc.

PL. 34. — Cascade moderne.

Le pont doit être blanc rayé de petites bandes lilas; le bassin, les gradins, les colonnes, l'entablement et le dôme, doivent être exécutés en blanc. Les bases, les chapiteaux, les ornemens de la corniche, du fronton et du dôme, doivent être lilas; les nappes d'eau seront exécutées en sucre filé. L'effet de cette pièce est charmant.

PL. 38. — Ruines de Pœstum.

Voici l'une des pièces difficiles à exécuter. Il faut d'abord la détailler de même que les pièces ordinaires; ensuite vous rapportez par-dessus les assises des masses qui doivent former la ruine; cette seconde abaisse doit être d'une bonne ligne d'épaisseur; et lorsque les détails de la ruine sont bien secs, vous creusez avec le canif, les parties formant ruines. Pour cette partie de l'opération, le dessin doit servir de modèle. Il est pourtant bien de mettre les détails des ornemens de l'entablement, des chapiteaux et de la corniche du soubassement, de couleur chocolat au lait; puis la mousse de deux verts nuancés, mêlés d'un peu de jaune et d'un peu de rouge.

PL. 39. — Grand pavillon musulman-russe.

Le rocher peut être de biscuit vert et orange. Les quatre colonnes bleu de ciel. Les socles et l'entablement, ainsi que les rideaux et les stores, exécutés en pâte d'amande blanche, les bases, les chapiteaux, les franges, le grand croissant et les petits croissans qui décorent le dôme, doivent être de couleur jaune; les rayures des stores et des draperies en bleu de ciel.

PL. 46. -- Pavillon polonais.

Les corps d'arbre, qui composent le pont sur lequel se trouve le pavillon, doivent être exécutés de couleur chocolat, tandis que les arbres qui forment le pavillon doivent se trouver de couleur chocolat au lait. Le toit et la galerie peuvent être d'un vert tendre en couleur; les vitraux seraient de couleur blanche et jaune, ainsi que la boule qui couronne cette pièce; le toit sera décoré de mousse verte nuancée de deux couleurs.

PL. 48. — Pavillon d'été.

Le pont doit être exécuté de couleur orange, les bandes qui le décorent, vert-pistache, ainsi que les colonnes et les entablemens des deux pavillons. Les treillages du pont et ceux des entre colonnemens doivent être d'un vert-pâle; les galeries et les toits jaunes; les draperies de couleur rose, et les franges en blanc; l'arche du pont couleur de brique.

PL. 50. — Pagode chinoise.

Le pont doit être blanc, marbré de couleur chocolat, ainsi que les bandes qui le décorent; les colonnes des deux pavillons seront exécutées de couleur rouge-ponceau. Les entablemens, les galeries et les boules du toit sont jaunes; les toits couleur lilas très pâle; les bandes qui les décorent, ainsi que les châssis des croisées jaunes; les draperies blanches et les franges lilas.

PL. 51. — Chaumière sur un rocher.

Le rocher sera exécuté en biscuit marbré jaune et orange; les mousses qui le décorent de couleur verte de deux nuances ; le pont ainsi que les bois de la chaumière couleur chocolat-foncé. Le fond de la charpente doit être exécuté de couleur orange très tendre, tandis que les toits doivent imiter le chaume ; les treillages des croisées en vert-pâle.

Pl. 52. — Belvédère égyptien.

Cette pièce est carrée : chaque façade se trouve ornée de deux colonnes portant un entablement avancé, ainsi que le dessin le représente.

Le belvédère doit être exécuté blanc, tandis que tous les détails des ornemens seront en pâte vert-pistache.

Le pont sera de pâte d'amende marbrée de vert et de blanc ; les bordures et la décoration de l'arche seront jaune-pale, ainsi que les franges des draperies.

Pl. 56. — Pavillon persan.

Le pont doit être exécuté blanc marbré de violet, ainsi que les quatre colonnes et leurs archivoltes en violet. Le toit et son couronnement en blanc. Les petites boules qui s'y trouvent suspendues par des fils, doivent être jaune-citron, ainsi que la frange du store et des draperies.

Les bases, les chapiteaux et la décoration des draperies, doivent être exécutés de couleur jaune-citron.

PL. 59. — Grand pavillon athénien.

Cette grosse pièce est encore une des plus difficiles pour l'exécution, attendu que la partie qui supporte le petit pavillon est ronde, tandis que les ogives forment huit façades à pans coupés : ainsi ce pavillon est octogone, tel que le dessin le représente. Le plus difficile est de rapporter ces ogives en corps avancé sur la partie circulaire. Relativement au petit pavillon, il est carré, et les quatre façades sont ornées de deux colonnes en saillie. Le petit dôme doit être rond ; une chose encore difficile, c'est le treillage des croisées du grand pavillon. On doit placer derrière ces croisées du papier végétal colorié, dans le genre des vitraux des chapelles gothiques ; et au moment du service, vous placez dans l'intérieur du pavillon, un fragment de bougie allumée ; ce qui produit un effet très agréable.

Les draperies du petit pavillon seront blanches, et les franges bleu de ciel ; pour le reste des détails qui décorent les deux pavillons, on doit les exécuter en pâte d'amande lilas.

Il est essentiel d'observer que les huit ogives doivent être fixées après le soubassement du petit pavillon, avant de placer les colonnes dessous. Le rocher est de biscuit marbré de chocolat, l'arbre des îles qui décore l'entrée du pavillon doit être d'un beau vert-pistache.

Cette nouvelle grosse pièce est d'une élégance peu connue.

PL. 62. — Grand pavillon turc.

Le pont sera exécuté en blanc veiné de bleu-pâle, son arche rayée du même bleu et de blanc ; les colonnes des deux pavillons doivent être blanches rayées de lilas, les entablemens et les dômes blancs, décorés de couleur lilas. La galerie, les franges et les petits croissans du grand toit de couleur jaune. Les draperies des deux pavillons, ainsi que les petits œufs du toit, doivent être en blanc et bleu.

PL. 64. — Ermitage russe.

Le rocher doit être exécuté de couleur orange, tandis que l'ermitage sera de couleur vert-pâle, et les toits en chaume; la cloche, la croix et la boule, ainsi que le cadran, doivent être de couleur jaune, de même que les vitraux des croisées. Les branches du palmier et les groupes de mousses qui décorent le rocher, de couleur vert-printanier.

PL. 66. — Pavillon écossais.

Le rocher peut être de biscuit couleur naturelle; les colonnes du pavillon, bleu-de-ciel. Les socles, l'entablement et le petit pavillon en blanc; la galerie, les chapiteaux et le couronnement de l'entablement doivent être de couleur violette; les stores et les draperies en blanc, ornés de petites bandes bleues; les jalousies d'un jaune très pâle. Le pont du rocher de couleur chocolat.

PL. 67. — Grand pavillon égyptien.

La pyramide du pont doit être exécutée en blanc, et la porte qui la décore de couleur chocolat au lait. Les douze colonnes du grand pavillon, ainsi que celles du petit, doivent être rose; les archivoltes, idem; les chapiteaux et la décoration des entablemens, en jaune très tendre; la couleur des vitraux doit être violette et jaune; les draperies du petit pavillon blanches.

PL. 70. — Grande cascade de Pœstum.

Voici encore une de ces pièces à grand effet, et cela par la beauté des nappes d'eau, imitées en sucre filé.

Le soubassement et les socles des colonnes doivent s'exécuter couleur chocolat au lait. Les colonnes et les dômes en jaune pâle; les archivoltes et le petit pavillon de couleur chocolat très pâle.

Les chapiteaux et les corniches, ainsi que les ornemens des arcades du soubassement, doivent être lilas-foncé.

PL. 72. — Tour de Bagdad.

Le petit pont doit être blanc nuancé de jaune, l'escalier, ainsi que l'arcade du pont, seront blancs, la tour est également blanche, et rayée de bleu-de-ciel ; les colonnes des croisées et celles du pavillon sont blanches ; les galeries et le toit vert-pâle, ainsi que les vitrages des croisées. Les draperies de la porte sont roses et les franges blanches.

PL. 76. — Grand pavillon asiatique.

Le rocher doit être en biscuit vert-pâle. Les colonnes de couleur orange, ainsi que les draperies ; les œufs et les boules du toit, dont les rayures sont en violet et en blanc ; les franges des œufs et des draperies seront de couleur bleue, comme les chapiteaux et les bases des colonnes. Les vitraux des croisées seront violets et blancs.

PL. 78. — Pavillon espagnol.

Le pont doit être exécuté de couleur blanche sur laquelle on doit semer une rocaille couleur chocolat. Le cintre du pont doit imiter la brique, dont les bordures sont blanches ; les douze colonnes doivent être de couleur jaune-citron, ainsi que celles du petit pavillon, les entablemens exécutés en blanc, et les filets des ogives, ainsi que les corniches, en jaune ; la galerie, les bases des colonnes et les chapiteaux couleur chocolat au lait. Les draperies blanches et les franges roses.

PL. 79. — Pavillon gothique.

Cette grosse pièce est octogone : le petit pavillon seulement doit être rond, et cependant il est orné de huit ogives qui décorent l'entablement et qui deviennent véritablement octogones, ainsi que le dessin le représente. Cette grosse pièce doit être exécutée blanche, et tous ses détails d'ornemens en couleur chocolat de deux nuances; ce qui produit un bon effet. On doit placer derrière les vitraux, du papier végétal colorié avec goût ; puis, au moment du service, on aura soin de placer dans l'intérieur du grand pavillon un fragment de bougie allumée.

Le rocher doit être de biscuit marbré de nuances vertes très pâles, ainsi que le corps du peuplier, tandis que ses branchages et la mousse seront vert-printanier.

PL. 80. — Grand cabinet chinois.

Le pont doit s'exécuter en couleur jaune marbrée de blanc; les bordures doivent être blanches, ainsi que les marches pour monter le pont. Les pilastres du cabinet sont carrés, couleur lilas, dont les bordures sont jaunes. Les toits doivent imiter le chaume de couleur jaune-pâle, les bordures doivent être lilas; le dessous des toits sera blanc, ainsi que le cintre des pilastres. Les draperies seront en rose, et les franges en jaune; les clochettes et la galerie sont en jaune.

PL. 81. — Cascade de Rome antique.

Ce temple produit encore beaucoup d'effet, et cela par l'éclat de son sucre filé. Toutes les fois que l'on alliera le sucre filé à la pâte d'amande, les pièces produiront cet effet, l'un des plus remarquables de la pâtisserie moderne.

Le rocher sera imité avec du biscuit vert-pâle ; la mousse qui le décore doit être d'un beau vert-printanier; le soubassement et l'entablement du temple doivent être blancs; les colonnes et le dôme bleu de ciel. Les bases, les chapiteaux, la corniche et le couronnement du dôme, seront d'un bleu très tendre, le pont couleur de chocolat au lait, puis les nappes d'eau en sucre filé. Je le répète, cette grosse pièce est étonnante.

PL. 84. — Pavillon arabe.

Le pont doit être exécuté blanc et violet, le cintre de l'arcade est blanc. Les colonnes seront jaune-citron, l'entablement blanc décoré de filets violets : la galerie, les chapiteaux, les ornemens du cintre et de la corniche, ainsi que la boule du couronnement, doivent être de couleur jaune très tendre.

PL. 92. — Grande fontaine chinoise.

Le pont doit s'exécuter blanc et jaune-citron, le bassin et le soubassement de la fontaine jaune-pâle ; les colonnes et le vase qui forment la cascade, doivent être rouge-cramoisi, les toits de couleur vert très tendre ; les chapiteaux, les corniches et les bordures des toits seront en jaune-citron ; les petits pavillons et les boules des toits seront blancs ; les petits cadrans des quatre façades seront exécutés, ainsi que les écailles des toits, de couleur vert-tendre ; et deux heures avant le service, on doit placer le sucre filé.

PL. 96. — Pavillon gothique des tourelles.

Le soubassement est octogone, et le grand pavillon forme la croix grecque, ainsi que le dessin le représente. Les quatre premières tourelles sont placées aux quatre angles de la corniche ; il est facile de s'apercevoir que trois colonnes décorent chaque façade du grand pavillon, tel que le représente le dessin. Le petit pavillon est carré, et a douze colonnes cannelées ; son entablement est orné de quatre petites tourelles, et de quatre grandes ogives découpées à jour, et cela est indiqué par le dessin. Une flèche octogone s'élève du milieu de ces quatre grandes ogives ; ensuite tout le matériel de la pièce doit être exécuté en pâte d'amande blanche, puis les détails d'ornemens violets de deux nuances, l'une plus foncée que l'autre, ce qui produit bon effet. Relativement aux détails du soubassement de la pièce, on doit l'exécuter en couleur chocolat.

Ce pavillon nouveau est d'un grand effet.

PL. 97. — Ermitage gaulois.

Le rocher doit être exécuté en biscuit vert et orange; le petit pont, le corps de l'arbre de la clochette, le petit pavillon, les arbres de la porte doivent être de couleur chocolat, la porte et la charpente de la chaumière, également chocolat, mais à peine coloré. Les murs doivent imiter la brique, les toits, le chaume, les treillages d'un vert-pâle, et la petite clochette en jaune, ainsi que la galerie.

PL. 102. — Pavillon italien.

Le pont doit être exécuté en jaune-pâle, et sa décoration en blanc; les galeries de couleur vert-pistache; toute la pièce est blanche, et tous les détails d'ornemens vert-pâle; les toits doivent être jaunes, rayés de blanc.

PL. 103. — Pavillon chinois sur un pont.

Le pont doit être exécuté en blanc nuancé de vert-pistache, et les bandes qui le décorent en jaune, les socles des colonnes et les entablemens en jaune-citron. Les colonnes et les toits doivent être exécutés encore de couleur vert-pistache. La galerie, les chapiteaux, les cadres des croisées et le couronnement du petit pavillon en jaune-citron, les draperies et la tenture en rose, les franges et les ornemens en jaune.

PL. 108. — Grand pavillon espagnol.

J'ai extrait tous les détails de ce pavillon du bel ouvrage de M. de Laborde, ayant pour titre *Voyage en Espagne*, et j'en ai composé ce nouveau pavillon, autant mauresque qu'espagnol; mais j'ai plutôt voulu, en le nommant ainsi, conserver le nom de l'ouvrage qui m'avait fourni les détails nécessaires pour le composer comme le représente mon dessin.

Cette grosse pièce est octogone sur un soubassement carré; elle doit être exécutée en blanc, et tous ses détails d'ornemens en jaune-pâle et en jaune assez foncé, afin de produire plus d'effet. Les détails circulaires du pont, les bases et les chapiteaux des colonnes doivent être jaunes, tandis que le reste des ornemens sera couleur orange.

Cette grosse pièce est des plus élégantes, mais son exécution réclame beaucoup de soin et d'adresse.

CHAPITRE TROISIÈME.

TRAITÉ

DES CINQ ORDRES D'ARCHITECTURE

DE VIGNOLE.

ARCHITECTURE. — SON ORIGINE.

Selon Vitruve, nos pères commencèrent à se loger dans les cavités de la terre, afin de se mettre à l'abri des mauvais temps, et surtout pour se garantir des bêtes féroces; les familles devenant plus nombreuses, ces tristes demeures furent insuffisantes; dès-lors, la nécessité donna de l'émulation, aiguillonna l'industrie des hommes, et leur ouvrit les moyens de se construire des habitations plus vastes et plus commodes : ils commencèrent par planter des perches, qu'ils entourèrent de branches, de verdure, le tout recouvert de terre formant une espèce de mortier; ces cabanes avaient la forme de ruches, afin de faciliter l'écoulement des eaux pluviales.

Ces chétives demeures furent souvent ravagées par

les vents ou par les inondations. La société s'agrandissant, on en construisit d'autres qui pussent se transmettre de père en fils : on profita de quelques arbres que le hasard avait fait croître à des distances presque égales, et carrément disposés; les branches furent coupées de niveau; puis on plaça sur ces troncs d'arbres des solives, ou, pour mieux dire, des corps d'arbres qu'on avait équarris; ensuite on posa transversalement d'autres solives sur les premières, pour en former le plafond; enfin, on surmonta le tout de solives inclinées, auxquelles on donna un peu de saillie pour éloigner de l'intérieur l'écoulement des eaux.

L'expérience a démontré aux hommes l'importante nécessité de construire sur des massifs de terre ou de pierre, afin de se mettre à l'abri des inondations : ils donnèrent donc, par ce résultat de combinaisons, plus de salubrité à leurs demeures.

Voilà l'origine de l'architecture. — Les dessins de la planche III confirment ces traits généraux; — Cet arrangement primitif, épuré et perfectionné, a fourni le piédestal, la colonne, l'entablement, et le fronton du premier ordre, lequel donna à son tour le beau idéal de l'ensemble aux autres ordres imaginés depuis par les Grecs et les Romains.

Sans doute l'architecture des Grecs tire son origine de la cabane primitive, et cependant ce furent les Égyptiens qui commencèrent à construire les monumens colossaux et imposans dont l'extrême solidité a triomphé des siècles. Les auteurs de tous les âges en ont parlé avec admiration : en effet, leurs monumens sont marqués au coin de l'antiquité la plus reculée; leurs détails d'architecture furent peu variés, mais simples et sévères dans les formes. (1)

Les Grecs, étant doués d'un goût exquis, ayant le sentiment du vrai beau, ont perfectionné cet art au suprême degré; aussi depuis que les arts sont sortis de la barbarie dans le xv_e siècle, on s'empresse d'imiter l'architecture grecque, comme le modèle de la perfection. Les Romains y ont ajouté des richesses qui souvent l'ont fait dégénérer; et, malgré leur génie, ils furent contraints de rester les imitateurs des Grecs: leurs ordres toscan et composite ne furent imaginés qu'aux dépens des ordres grecs; et encore le toscan fut, dit-on, inventé par les peuples de Lydie, qui vinrent s'établir dans la Toscane.

Ainsi des cinq ordres, le dorique, l'ionique, et le corinthien appartiennent aux Grecs; le toscan et le composite sont reconnus romains.

OBSERVATIONS.

Avant d'entrer en matière, je vais essayer d'analyser le diamètre, le module, ses parties, et la division de l'échelle, sans le secours desquels on ne peut dessiner correctement aucun ordre.

Le diamètre n'est autre chose que la largeur qu'on veut donner à la colonne d'un ordre quelconque. Ce

---

(1) M. Durand nous en donne de grandes idées; et les travaux immortels de la commission d'Égypte nous en donnent des preuves incontestables.

diamètre se divise en deux parties égales, qu'on nomme modules ; chaque module se divise en douze parties pour les ordres toscan et dorique seulement, et en dix-huit parties pour les ordres ionique, corinthien et composite : ainsi donc, le module devient l'arbitre et la règle de tous les ordres en général.

Exemple. Je suppose qu'on veuille dessiner un édifice orné de colonnes toscanes ou doriques de deux pouces de diamètre à leur naissance. Alors on place l'échelle de division de cette manière : on commence à tracer une ligne horizontale de huit pouces; puis, tout près de celle-ci, on tire une seconde ligne parallèle dont le trait doit être plus fort que le premier; ensuite on divise cette longueur en huit parties égales en traçant de petites lignes transversales; ce qui donne quatre diamètres aux huit modules ; puis on divise un module en douze parties, comme on le voit indiqué aux détails de l'ordre toscan, planche 113.

On donne à l'échelle plus ou moins d'étendue, c'est-à-dire on la compose de dix diamètres ; ce qui donne la hauteur des plus grandes dimensions dont l'architecture soit susceptible.

Le diamètre varie à l'infini, selon la pensée du dessinateur; mais sa division est invariable, étant toujours de deux modules, que l'on divise en douze parties pour les ordres toscan et dorique, et en dix-huit parties pour les ordres ionique, corinthien et composite.

DÉTAIL

DES CINQ ORDRES D'ARCHITECTURE,

SELON VIGNOLE.

La planche 112 représente les cinq Ordres dans tous leurs détails caractéristiques.

Chaque ordre se compose de trois grandes divisions, telles que le piédestal, la colonne et l'entablement; chacune de ces trois parties se divise en trois autres parties distinctes : le piédestal se compose d'une base, d'un dé et d'une corniche; la colonne a une base, un fût et un chapiteau; l'entablement se compose de l'architrave, de la frise et de la corniche, comme les dessins l'indiquent.

PL. 113. — Ordre Toscan. — Détails.

L'ordre toscan est le plus simple et le premier des cinq ordres : sa colonne a sept diamètres de hauteur; sa base doit avoir un module de même que son chapiteau, de manière qu'il ne reste pus que six diamètres au fût de la colonne; il en est ainsi des autres ordres, dont les bases et les chapiteaux sont toujours pris dans la hauteur totale des colonnes.

Le fût de la colonne comprend les six diamètres de la colonne, c'est-à-dire de la base au chapiteau, puis elle conserve son même diamètre jusqu'au tiers de sa hauteur; ensuite elle diminue progressivement de deux parties de module sur son diamètre.

Le piédestal toscan doit avoir deux diamètres seize parties, et l'entablement trois modules six parties; ce qui donne le quart de la hauteur de la colonne.

Hauteur totale de l'ordre toscan, onze diamètres ou vingt-deux modules deux parties; l'entre-colonnement, ou l'espace qui sépare les colonnes entre elles, doit avoir quatre modules six parties.

PL. 114. — Ordre Dorique. — Détails.

Cet ordre est le seul dont l'entablement soit orné d'un attribut distinct, qu'on nomme triglyphe; il est aussi le plus ancien, le plus mâle et le plus régulier de tous les ordres.

La colonne doit avoir huit diamètres de hauteur ou seize modules (1), sa base un module, ainsi que le chapiteau, de sorte qu'il ne reste plus au fût de la colonne que sept diamètres.

On donne à son piédestal cinq modules quatre

---

(1) Les Grecs ne donnaient que quatre diamètres six parties à ces colonnes, et les employaient sans base, comme on le verra dans les détails de l'ordre Pœstum.

parties de hauteur, sa base et sa corniche y comprises; l'entablement a quatre modules de hauteur; l'architrave doit avoir un module; la frise un module six parties, et la corniche a la même hauteur. La frise se trouve ornée de triglyphes et de métopes, ou espaces compris entre chaque triglyphe: ce métope doit toujours se trouver d'un carré parfait. On donne à l'entablement quatre modules : hauteur totale de cet ordre, douze diamètres un module quatre parties.

Pour les détails des moulures et profils, on doit observer la division des dessins de chaque ordre.

PL. 115. — Ordre Ionique. — Détails.

On doit observer ici que le module se divise en dix-huit parties, ainsi que pour les deux ordres corinthien et composite.

L'ordre ionique tient le milieu entre la fermeté du dorique et l'élégance du corinthien, ce qui lui donne un caractère distinct.

La colonne a neuf diamètres de hauteur; sa base doit avoir un module, sans y comprendre son filet supérieur, étant pris sur le fût de la colonne; son chapiteau à seize parties; son piédestal doit avoir trois diamètres ou six modules; puis l'entablement quatre modules neuf parties; l'architrave un module et un quart de module; la frise un module neuf parties; et la corniche un module et trois quarts de module : hauteur totale, vingt-huit modules et demi, ou quatorze diamètres neuf parties.

Cet ordre tire son nom d'un architecte athénien nommé Ion.

PL. 116. — Ordre Corinthien. — Détails.

Cet ordre est le plus beau et le plus majestueux des cinq ordres. Son chapiteau est le plus riche et le plus élégant que les Grecs aient composé.

Vitruve en raconte ainsi l'origine :

« Une jeune fille de Corinthe étant morte, sa nourrice plaça sur sa tombe un panier contenant divers bijoux que la jeune personne avait aimés. Ce panier, recouvert d'une tuile, fut placé par hasard auprès d'une plante d'acanthe : les feuilles de cette plante venant à grandir l'environnèrent, en se recourbant avec une certaine grâce, jusqu'au-dessous de la tuile.

« Callimaque, frappé de cet arrangement fortuit, en conçut l'idée du chapiteau corinthien, qu'il embellit ensuite. »

La hauteur de cette colonne doit avoir dix diamètres, dont la base prend un module, et le chapiteau deux modules six parties; le piédestal six modules douze parties; l'entablement cinq modules, dont un et demi pour l'architrave, la même donnée pour la frise, et deux modules pour la corniche; pour l'entre-colonnement quatre modules seize parties : hauteur générale trente-et-un modules.

PL. 117. — Ordre Composite. — Détails.

Ces détails sont les mêmes que ceux de l'ordre corinthien; on ne reconnaît cet ordre qu'aux quatre volutes ioniques que les Romains ont mêlées aux feuilles du chapiteau corinthien, afin d'avoir un ordre distinct qui n'est pas fameux; car quand on considère la richesse, l'élégance du chapiteau corinthien; ces deux rangs de feuilles, la grâce de ces caulicoles, et la forme agréable de son tailloir, on reconnaît aisément que cet ordre a atteint le dernier type de beauté dont l'architecture soit susceptible.

OBSERVATION.

Je crois ces détails suffisans pour donner à mes jeunes confrères une idée exacte des cinq ordres de Vignole, afin qu'ils puissent exécuter correctement en petit, un temple, une colonnade, une rotonde, et un fronton qui soient dignes d'enjoliver leur état, et en même temps d'être agréables à la vue des amateurs. Si j'avais donné tous les détails dont l'architecture est susceptible, j'aurais manqué mon but, m'étant imposé de ne pas sortir de mon état, puisque c'est en faisant des recherches pour son amélioration et perfectionnement que je suis parvenu, j'ose le dire, à me créer un genre de dessin qui m'est particulier.

C'est encore pour mon état que je vais essayer de donner quelques détails d'ordres peu usités, mais bien nécessaires à l'exécution de mes dessins pittoresques.

Je vais donc tracer, sur la même échelle des ordres précédens, les détails suivans, l'ordre cariatide, l'ordre de Pœstum, l'ordre égyptien, l'ordre chinois, et l'ordre gothique ce qui fait encore cinq ordres distincts.

J'ai choisi ces détails dans le bel ouvrage de M. Durand, intitulé : Parallèle des Monumens antiques et modernes ; j'ai fait quelques légers changemens que j'ai crus utiles à mon art : la belle cariatide drapée est tirée du dernier ouvrage de M. Charles Normand.

Lorsque j'ai voulu dessiner ce recueil, j'ai été de nouveau à la Bibliothèque royale y passer en revue les Voyages de l'Inde, de la Chine, de l'Égypte, de la Grèce, de la Turquie, de l'Italie, de l'Istrie, de la Dalmatie, de l'Allemagne, de la Suisse, et de l'Espagne; puis la Topographie contenant des vues pittoresques de Moscou, de Pologne; de Suède, d'Angleterre et d'Irlande.

Les nouveaux détails que j'ai recueillis m'ont servi à orner mes dessins, afin de leur donner de l'analogie avec les noms que je leur ai assignés.

MON MASTIC.—OBSERVATIONS.

Après avoir fait diverses grosses pièces en pastillage, j'ai trouvé que, dans les temps humides, ce même pastillage se ramollissait, changeait de couleur, et finissait par tomber en lambeaux. J'ai remarqué que, conservé dans un lieu d'une chaleur tempérée, il se gardait plus long-temps; mais alors il se brise et se déjoint aisément dans ses soudures : tout cela ne pouvait me convenir, désirant exécuter quelques grosses pièces qui fussent susceptibles de se conserver un bon nombre d'années sans éprouver la moindre altération. Après avoir fait plusieurs essais sur cette matière, je suis parvenu à composer ce mastic avec lequel j'ai exécuté, il y a vingt-quatre années, deux grands trophées, qui se trouvent aujourd'hui intacts, et tout aussi brillans que le premier jour. Je m'en suis servi avec le même succès pour décorer des bordures de tableaux, des bordures de glaces, et même pour décorer l'intérieur d'une boutique.

Détails de la composition du mastic.

Après avoir concassé menu deux onces de gomme arabique, et autant de gomme adragante, vous les mêlez ensemble dans un grand vase, dans lequel vous versez de l'eau tiède, deux fois le même volume de la gomme; c'est-à-dire, si la gomme n'emplit que le quart du vase, alors vous le remplissez aux trois quarts : vingt-quatre heures après la gomme étant parfaitement dissoute, vous la passez avec pression à travers un gros linge, au-dessus du mortier, dans lequel vous la broyez avec le pillon; et peu-à-peu vous y joignez quatre onces de sucre, passé au tamis de soie, et autant d'amidon en poudre impalpable, et la même quantité de blanc d'Espagne, puis quatre onces de sciure de marbre, passé au tamis de soie, le tout bien mêlé; vous y joignez des couleurs broyées à l'huile, comme jaune de Naples, noir de pêche, et bleu de Prusse. Ces couleurs sont ordinairement dans de petites vessies, ce qui nous en facilite l'emploi, en perçant ces vessies, et les pressant légèrement, les couleurs en sortent à volonté, ce qui est important, et permet d'en mêler peu à-la-fois. — Pour être sûr de l'opération, vous mêlez donc à-peu-près deux onces de jaune, une demi-once de bleu, et deux gros de noir : le tout, étant parfaitement broyé, doit vous donner un appareil couleur de bronze antique, foncé en couleur. Vous remplissez une petite partie de mastic avec de la sciure de marbre en poudre impalpable mêlée avec l'amidon, passée au tamis de soie, autant de l'un que de l'autre; ce qui doit le rendre d'une pâte semblable au pastillage ordinaire, et ayant le même corps : après ce remplissage, l'appareil doit se trouver d'un beau bronze antique, sinon vous ajoutez dans le mortier le peu de couleur que vous jugez nécessaire, afin d'atteindre ce but.

Cette opération terminée, vous ôtez du mortier l'appareil que vous mettez dans un vase, et que vous couvrez d'un linge humide; vous le remplissez par petite partie au fur et à mesure que vous l'employez, en y mêlant une égale quantité de sciure de marbre et d'amidon.

Relativement à la manière d'employer, de bronzer et de dorer ce mastic, on procédera selon les détails que j'ai consignés ci-dessus. (*Voyez* Pastillage.)

J'ajouterai, qu'après avoir tiré des planches les ornemens, il faut les laisser un peu ressuyer avant de les placer, afin d'éviter la retraite du mastic, qui, en séchant, produirait un mauvais effet.

Remarque. Lorsque l'on voudra dorer ce mastic, on ne mettra dans l'appareil rien que du jaune de Naples broyé à l'huile.

FIN.

INDICATION DES PLANCHES.

	Planches.
Cascade égyptienne	1
Pavillon arabe	2
Chaumière des Colombes	3
Tour de Rhodes	4
Berceau des Palmiers	5
Ruine d'Athènes	6
Pavillon mauresque	7
Fontaine antique	8
Ruine de Kan-Kan-Kien en Chine	9
Grand Pavillon rustique	10
Maison de plaisance turque	11
Fontaine des Pyramides	12
Ermitage suisse	13
Pavillon des Palmiers	14
Pavillon chinois sur un rocher	15
Grand Pavillon gothique des 44 colonnes	16
Ruine de Rome antique	17
Temple sur un rocher	18
Belvédère romain	19
Pavillon parisien en treillage	20
Maison italienne	21
Pavillon moscovite	22
Fontaine arabe	23
Ermitage parisien	24
Grand Pavillon chinois	25

Planches.

Maison d'arrêt militaire.	26
Rotonde grecque.	27
Ruine d'un Château-fort	28
Pavillon italien.	29
Pavillon indien.	30
Fontaine turque.	31
Tente moderne.	32
Pavillon suédois.	33
Cascade moderne.	34
Maison du Pêcheur.	35
Pavillon gothique.	36
Fort chinois.	37
Ruine de Pœstum.	38
Grand pavillon musulman-russe.	39
Pavillon sur une arcade.	40
Ermitage syrien.	41
Pavillon moderne sur un pont.	42
Rotonde française.	43
Forteresse turque.	44
Fontaine militaire.	45
Pavillon polonais.	46
Fort français.	47
Pavillon d'été.	48
Pavillon vénitien.	49
Pagode chinoise.	50
Chaumière sur un rocher.	51
Belvédère égyptien.	52
Ruine de Palmyre.	53
Grande rotonde sur un pont.	54
Cascade vénitienne.	55
Pavillon persan	56
Chaumière chinoise.	57
Fontaine des Arcades.	58
Grand pavillon athénien.	59
Rotonde parisienne.	60
Tour des vents.	61

	Planches.
Ruine de Babylone.	62
Grand Pavillon turc.	63
Ermitage russe.	64
Pavillon français.	65
Pavillon écossais.	66
Grand pavillon égyptien.	67
Pavillon athénien.	68
Tourelle de plaisance.	69
Grande cascade de Pœstum.	70
Ermitage hollandais.	71
Tour de Bagdad.	72
Pavillon rustique.	73
Pavillon napolitain.	74
Ruine de Balbec.	75
Grand pavillon asiatique.	76
Cascade des seize colonnes.	77
Pavillon espagnol.	78
Pavillon gothique.	79
Grand Cabinet chinois.	80
Cascade de Rome antique.	81
Pavillon arabe.	82
Grande chaumière russe.	83
Pyramide égyptienne.	84
Ruine de la grande Rotonde.	85
Pavillon hollandais.	86
Belvédère anglais.	87
Ermitage indien.	88
Tente à la française.	89
Ruine de la Mosquée turque.	90
Belvédère parisien sur un pont.	91
Grande fontaine chinoise.	92
Pavillon irlandais.	93
Ermitage chinois.	94
Ruine d'Antioche.	95
Pavillon gothique des Tourelles.	96
Ermitage gaulois.	97

	Planches.
Grande Mosquée en treillage.	98
Cascade demi circulaire.	99
Maison turque.	100
Pavillon romain.	101
Pavillon italien.	102
Fontaine égyptienne.	103
Ermitage suédois.	104
Pavillon chinois sur un pont.	105
Pavillon anglais.	106
Ruine gothique.	107
Grand pavillon espagnol	108
Ermitage de Sainte-Marie.	109
Maison vénitienne.	110
De l'origine de l'Architecture.	111
Des cinq ordres d'Architecture selon Vignole.	112
De l'ordre toscan.	113
— dorique.	114
— ionique.	115
— corinthien.	116
— composite.	117
Des ordres cariatide, grec, égyptien, chinois, gothique.	118
Détails de l'ordre cariatide.	119
Détails grecs.	120
Détails égyptiens.	121
Détails chinois.	122
Détails gothiques.	123

Imprimé aux presses mécaniques,
CHEZ PAUL RENOUARD,

Cascade egyptienne.

Pavillon arabe.

P. 3.

Chaumière des colombes.

Tour de Rhodes.

Berçeau des palmiers.

Ruine d'Athènes.

Pavillon Mauresque.

Fontaine antique.

Ruine de Kan-kang-kien en chine.

Grand Pavillon rustique.

Maison de Plaisance turque.

Fontaine des pyramides.

Hermitage suisse.

Pavillon des Palmiers.

Pavillon chinois sur un rocher.

Grand Pavillon des 44 Colonnes.

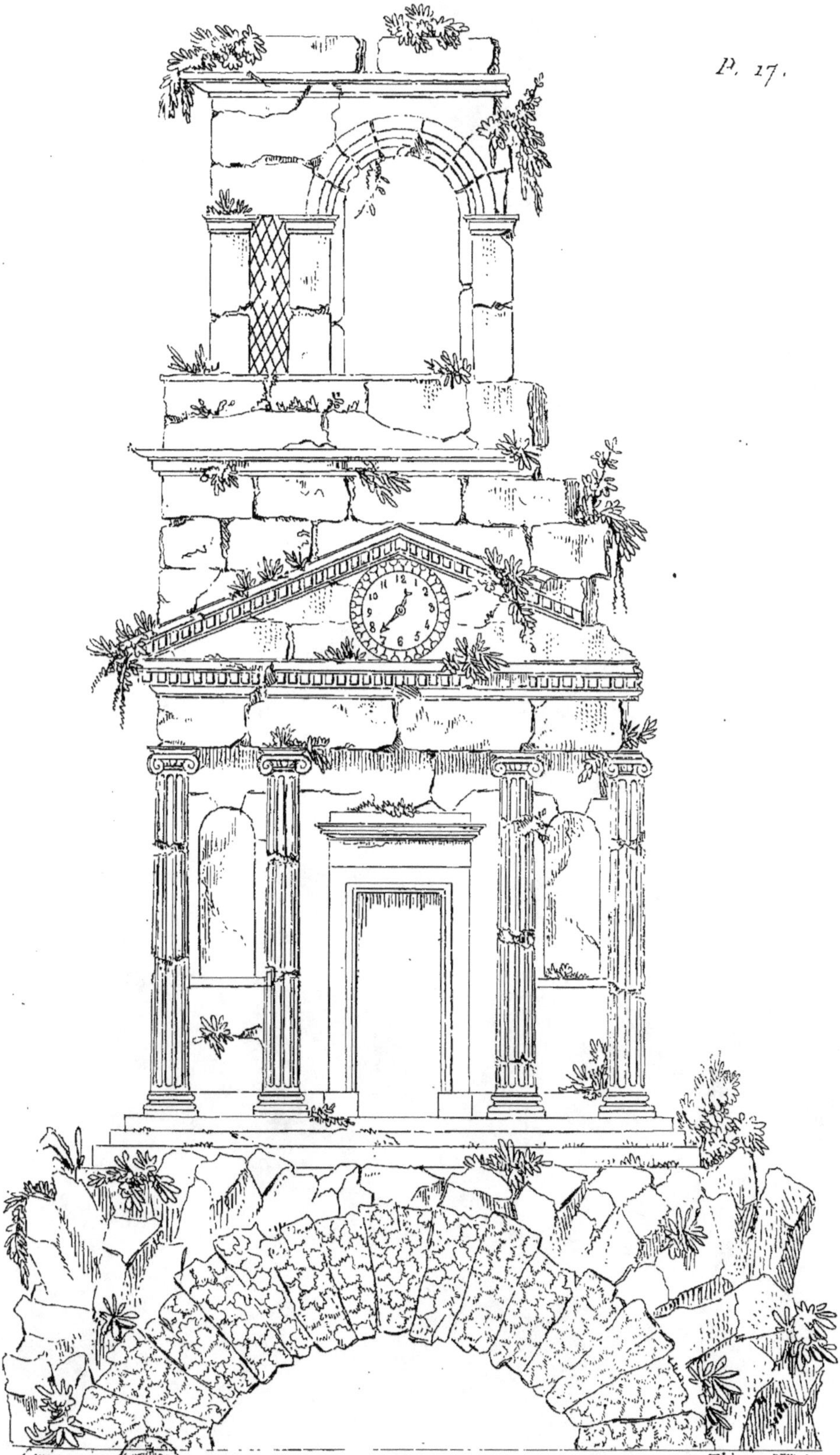

Carême inv. Thierry Vtou Sc.

Ruine de Rome antique.

Temple sur un rocher.

P. 19.

Belvédère romain.

Pavillon parisien en treillage.

Maison italienne.

Pavillon moscovite.

Fontaine arabe.

Hermitage parisien.

Grand Pavillon chinois.

Maison d'arrêt militaire.

Rotonde grecque.

Ruine d'un château fort.

Pavillon Italien.

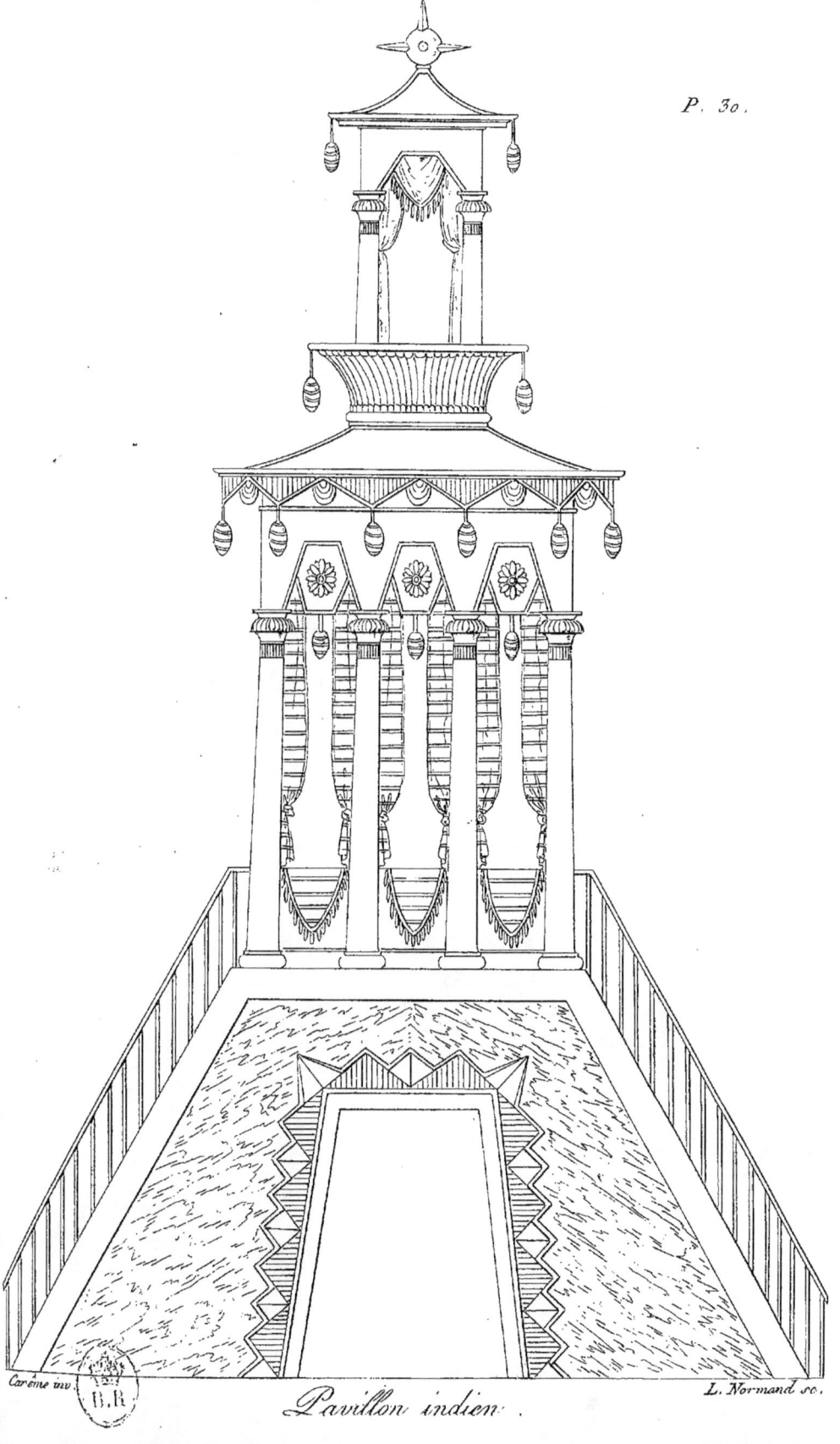

Pavillon indien.

P. 31.

Carême inv. L. Normand sc.

Fontaine Turque.

Tente Moderne.

Pavillon suédois.

Cascade moderne.

Maison du pêcheur.

Pavillon gothique.

Fort chinois.

Ruine de Pæstum.

Grand Pavillon musulman.

Pavillon sur une arcade

Hermitage Syrien.

Pavillon moderne sur un pont.

Rotonde française.

Forteresse turque.

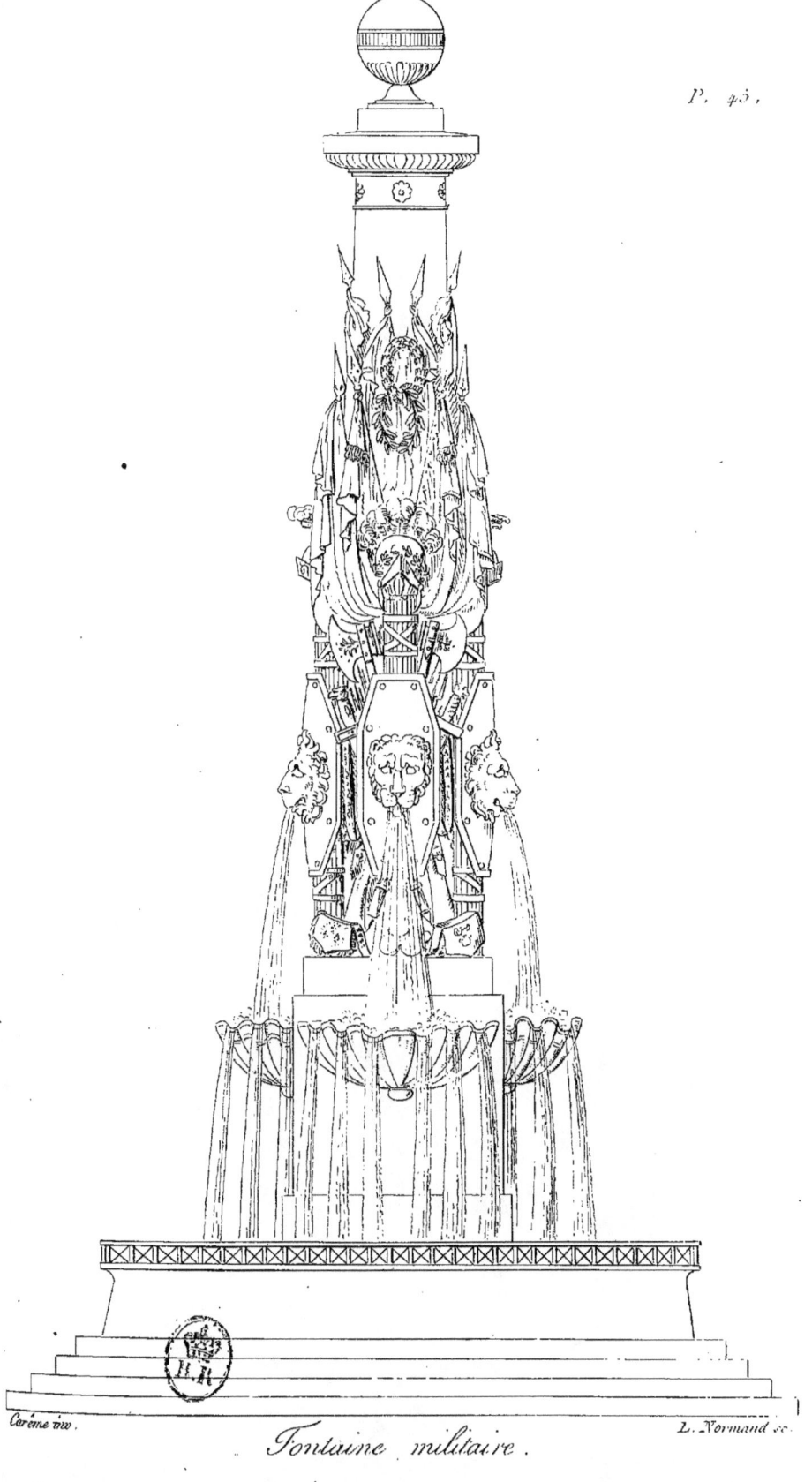

Fontaine militaire.

Pavillon polonais.

Fort français.

Pavillon d'été.

Pavillon vénitien.

Pagode chinoise.

Chaumière sur un rocher.

Pavillon egyptien.

Ruine de palmire.

Grande Rotonde sur un pont.

Cascade vénitienne.

Pavillon Persan.

Chaumière chinoise.

Fontaine des arcades.

Pavillon Athénien.

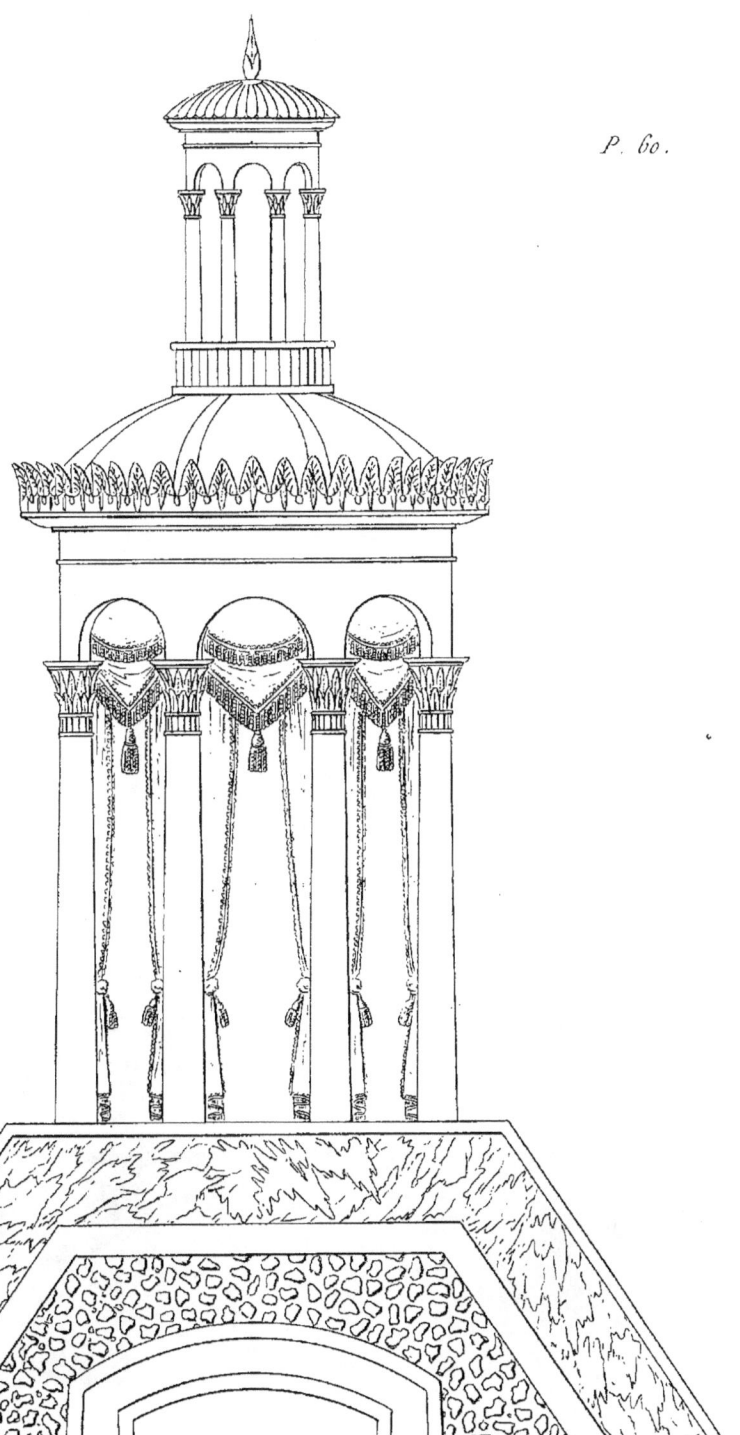

Rotonde parisienne.

Tour des vents.

Ruine de babylonne.

Grand Pavillon turc.

Hermitage russe.

Pavillon français.

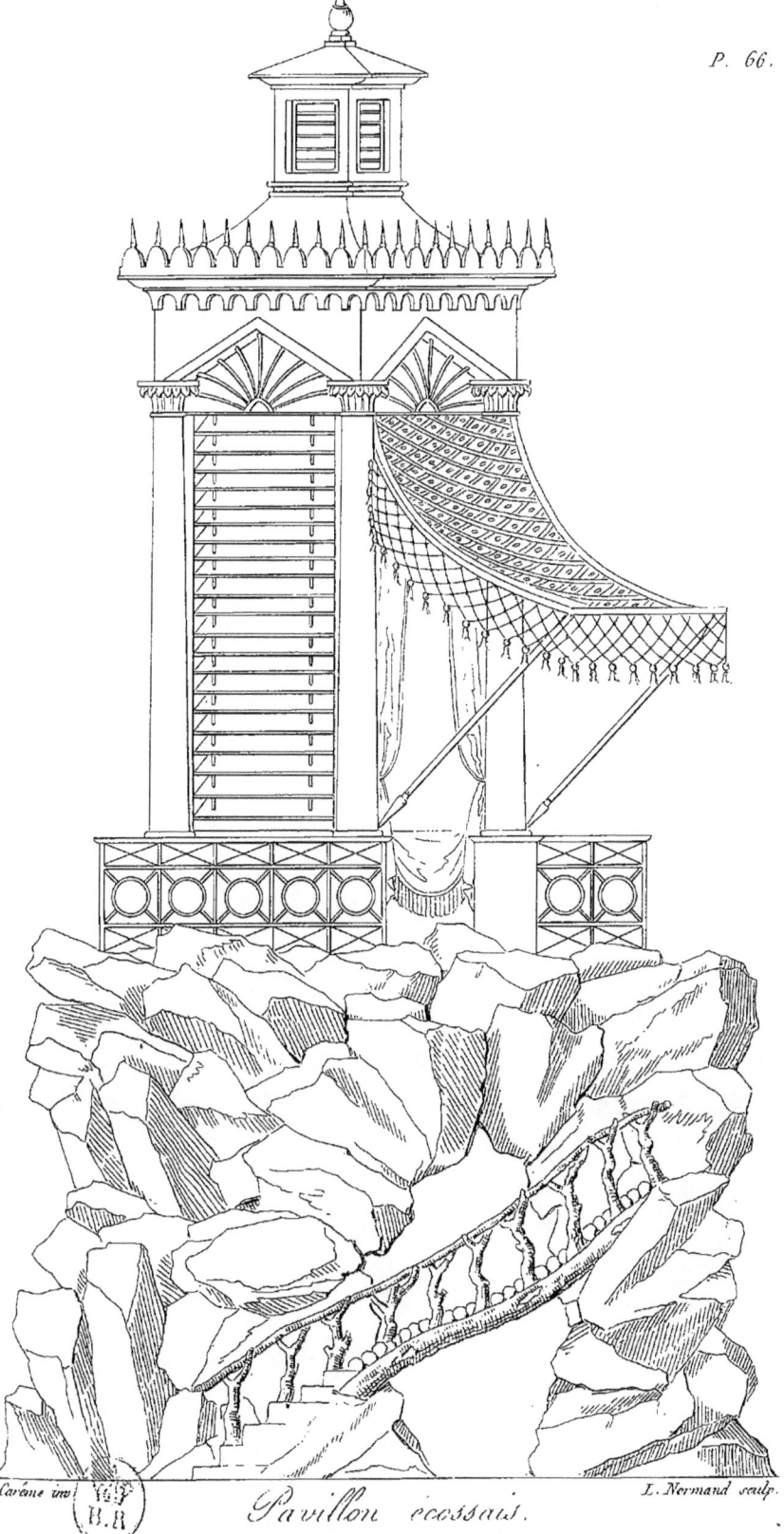

Pavillon écossais.

Grand Pavillon égyptien.

Pavillon athénien.

Tourelle de plaisance.

Grande Cascade de Pæstum.

Hermitage hollandais.

Tour de Bagdad.

Pavillon rustique.

P. 74.

Carême inv.　　L. Normand sculp.

Pavillon napolitain.

Ruine de Balbec.

Pavillon asiatique.

Cascade des seize colonnes.

Pavillon espagnol.

Pavillon Gothique.

P. 80.

Grand Cabinet chinois.

Cascade de Rome antique.

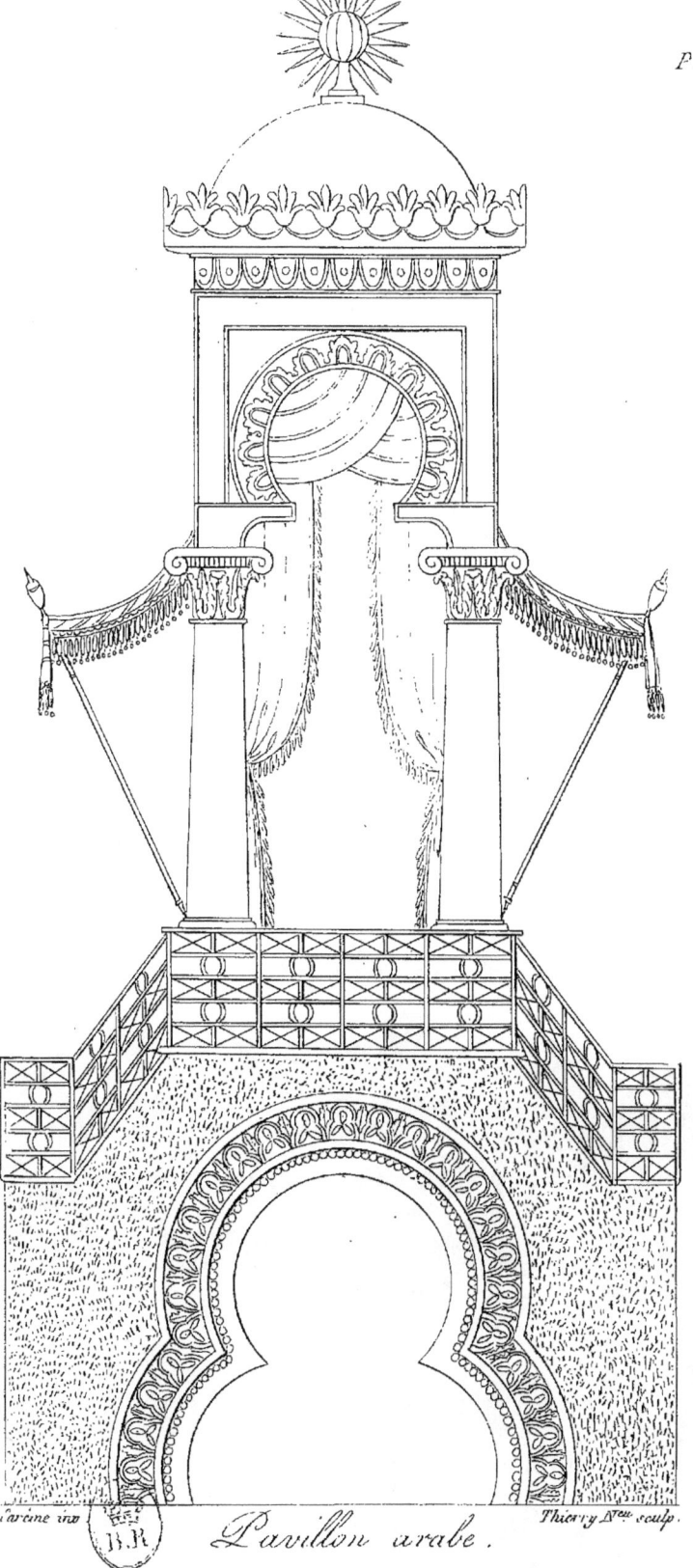

Pavillon arabe.

Grande Chaumière russe.

Pyramide égyptienne.

Ruine de la grande Rotonde.

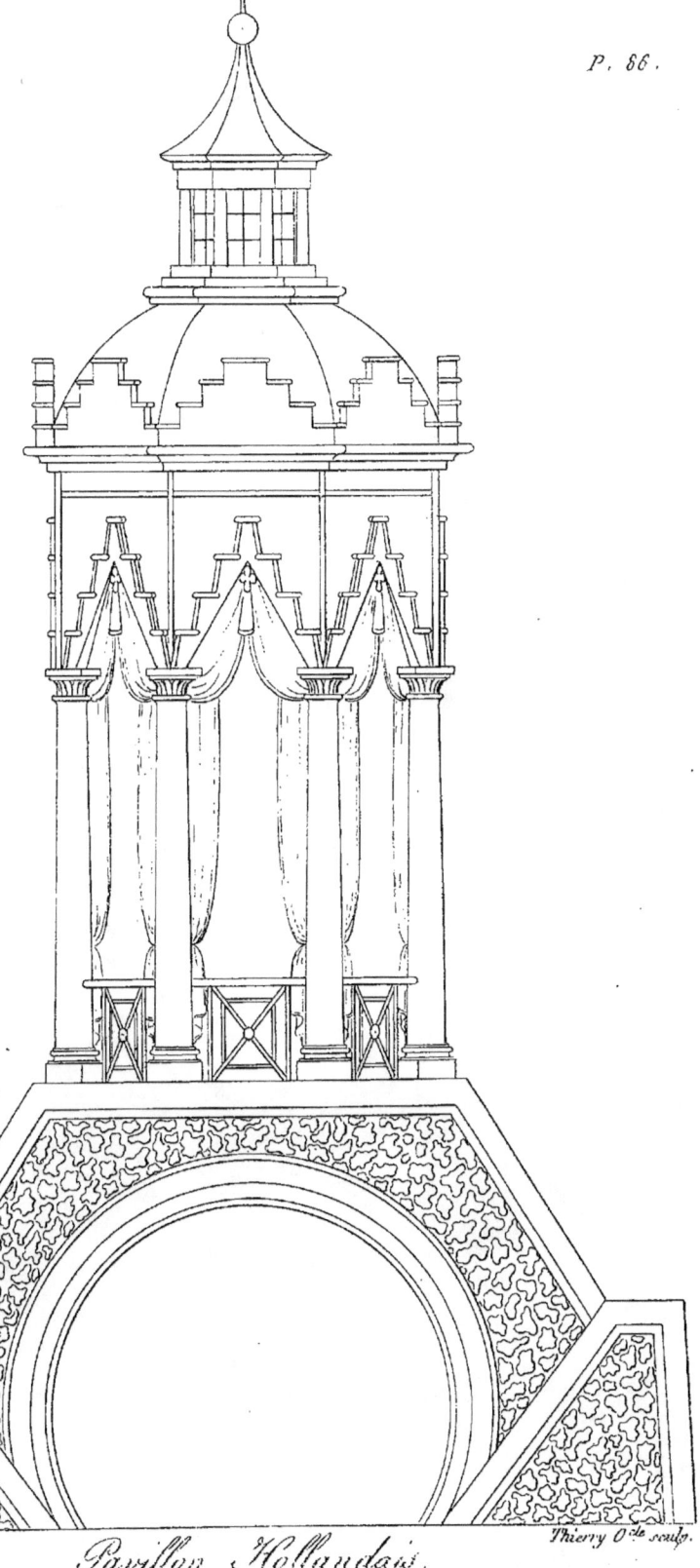

Pavillon Hollandais.

Belvédère anglais.

hermitage indien.

Tente à la française.

Ruine de la Mosquée turque.

Belveder parisien, sur un pont.

Grande Fontaine chinoise.

Pavillon irlandais.

Hermitage chinois.

Ruine d'Antioche.

Pavillon gothique des tourelles.

Hermitage gaulois.

Grande Mosquée en treillages.

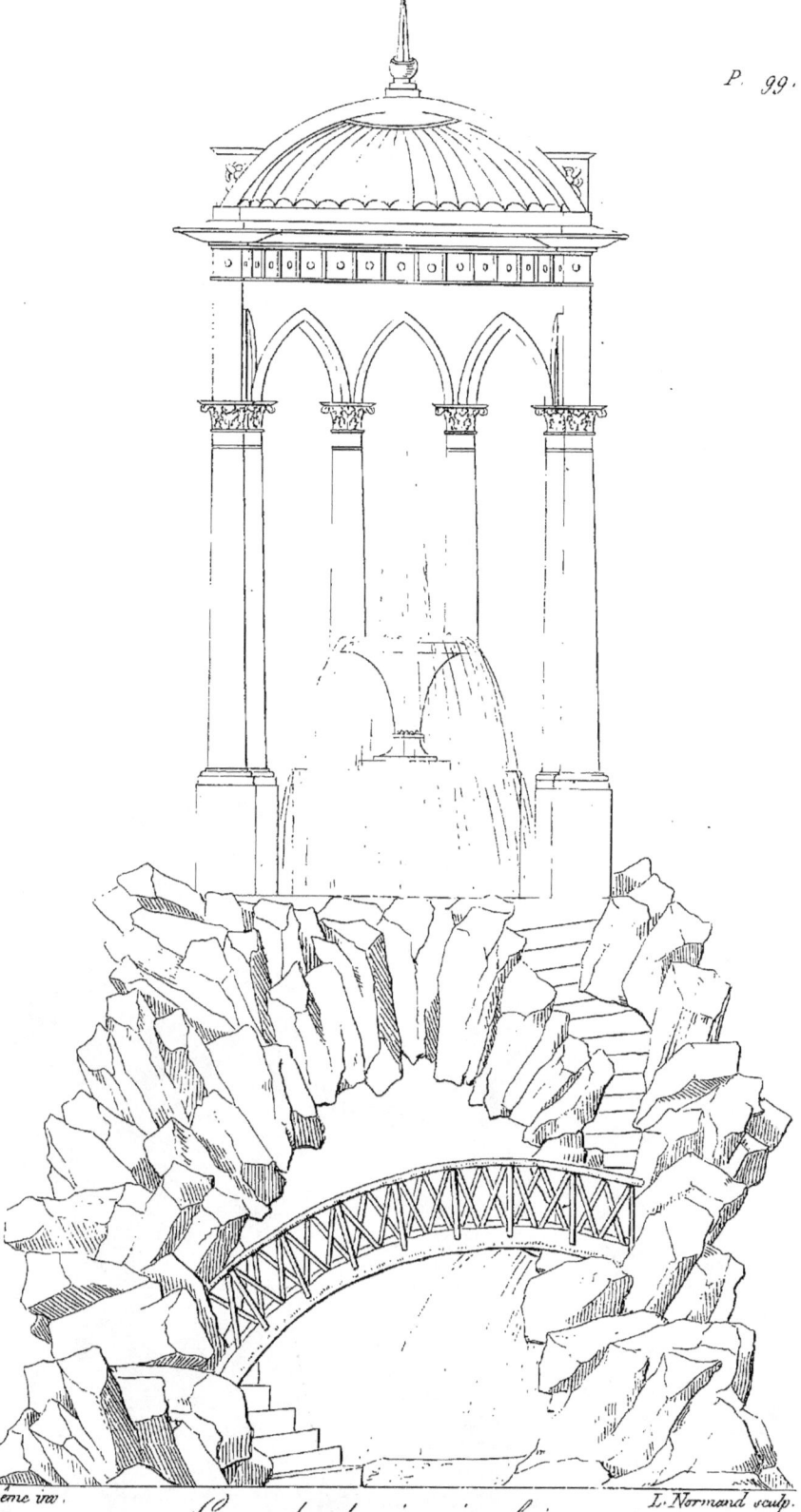

Cascade demi-circulaire.

Maison turque.

Pavillon romain.

Pavillon italien.

Fontaine égyptienne.

Hermitage suédois.

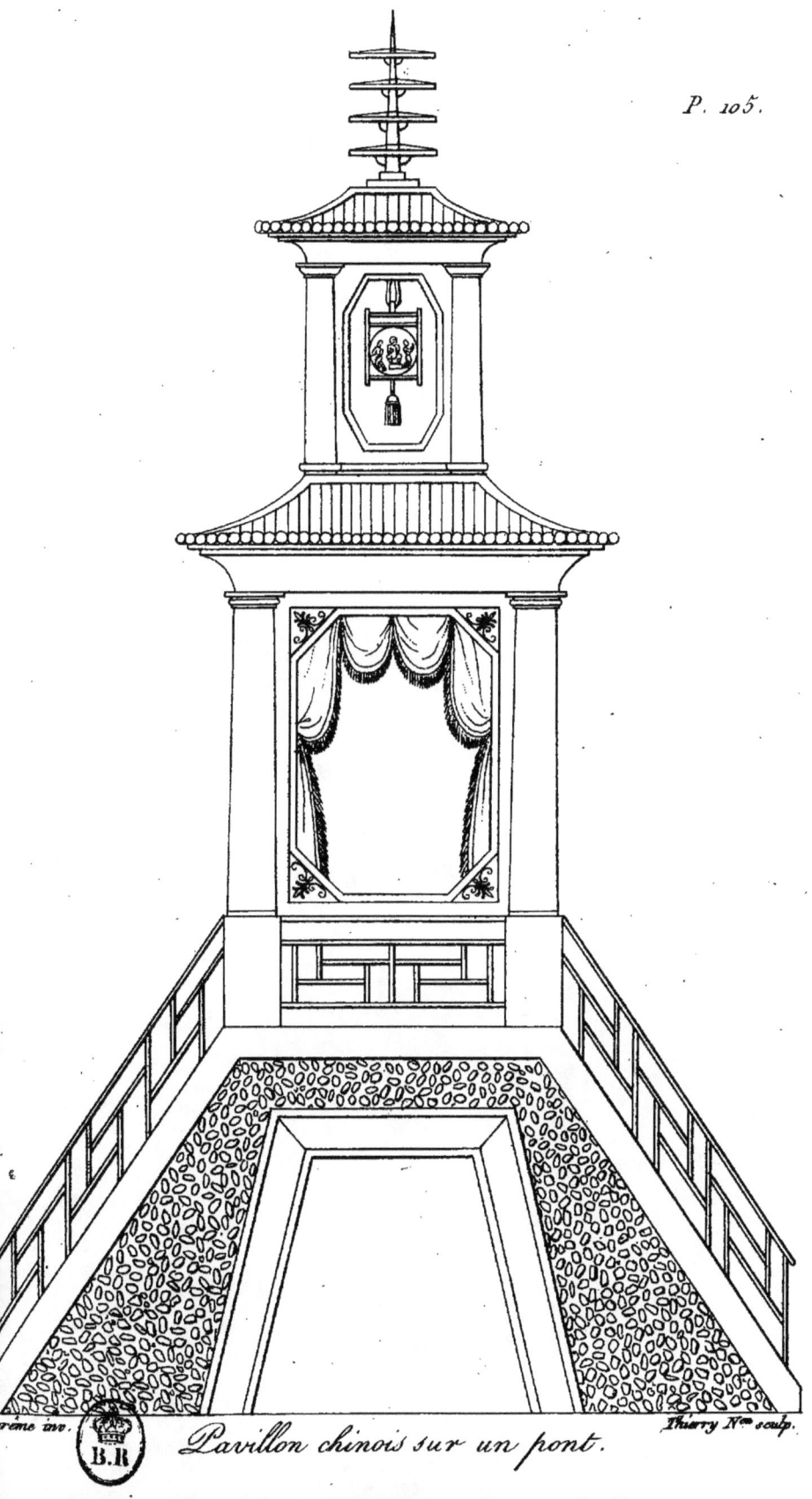

Pavillon chinois sur un pont.

Pavillon anglois.

Ruine gothique.

Pavillon Espagnol.

Hermitage de Ste marie.

Maison vénitienne.

P. 111.

Construction primitive d'où les *Ordres* tirent leur origine.

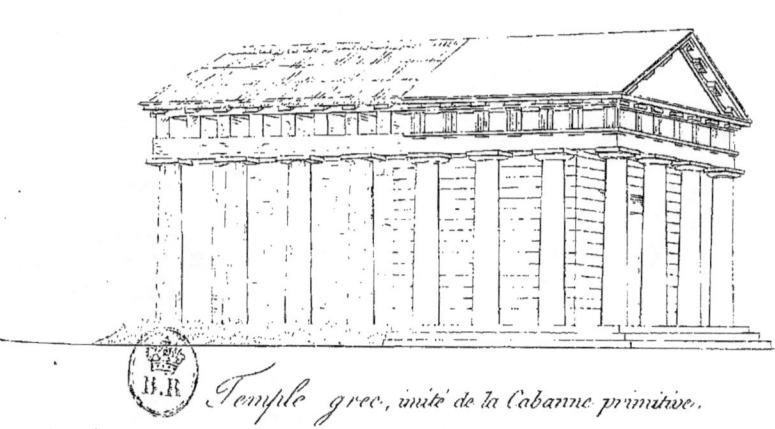

Temple grec, imité de la Cabanne primitive.

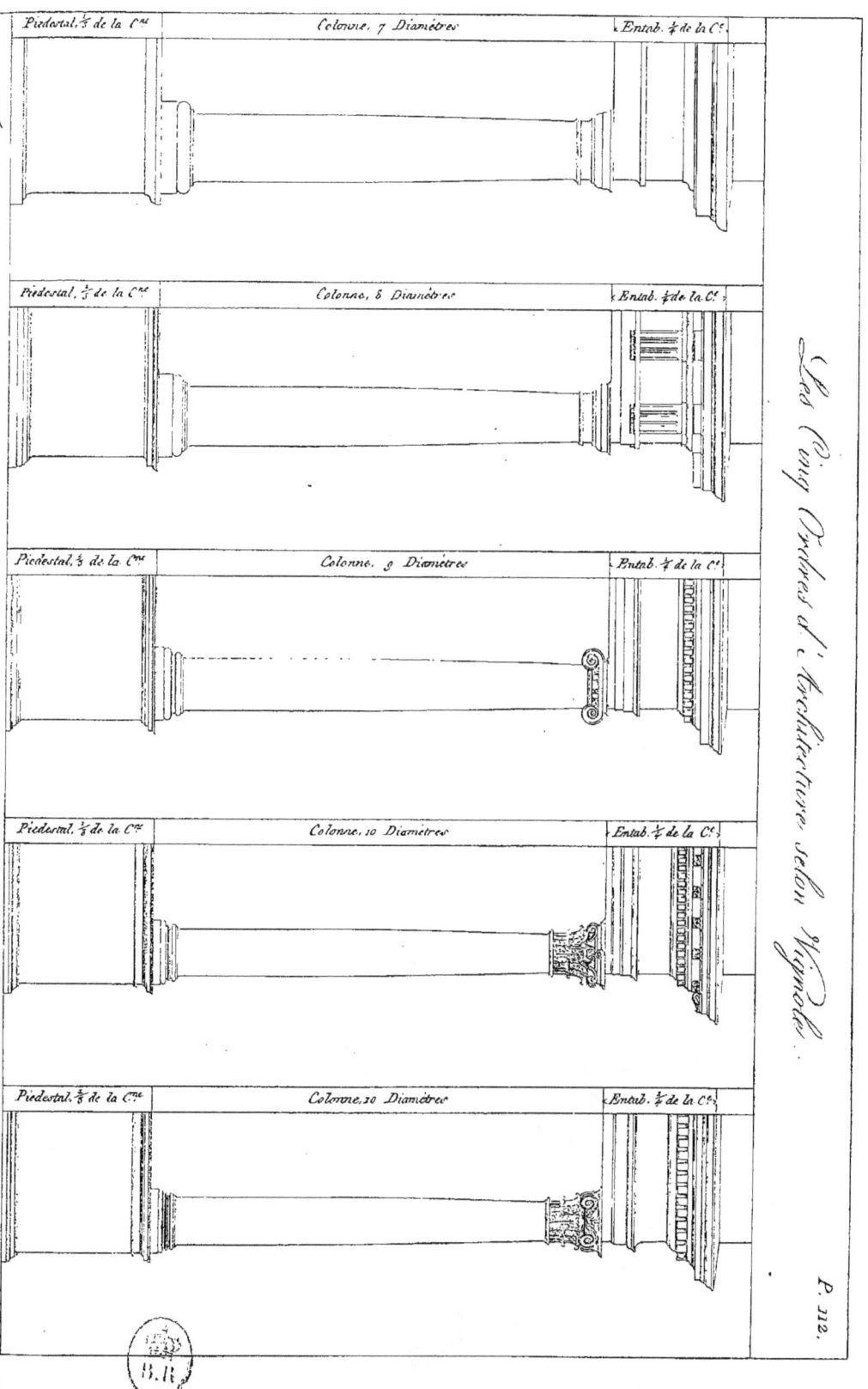

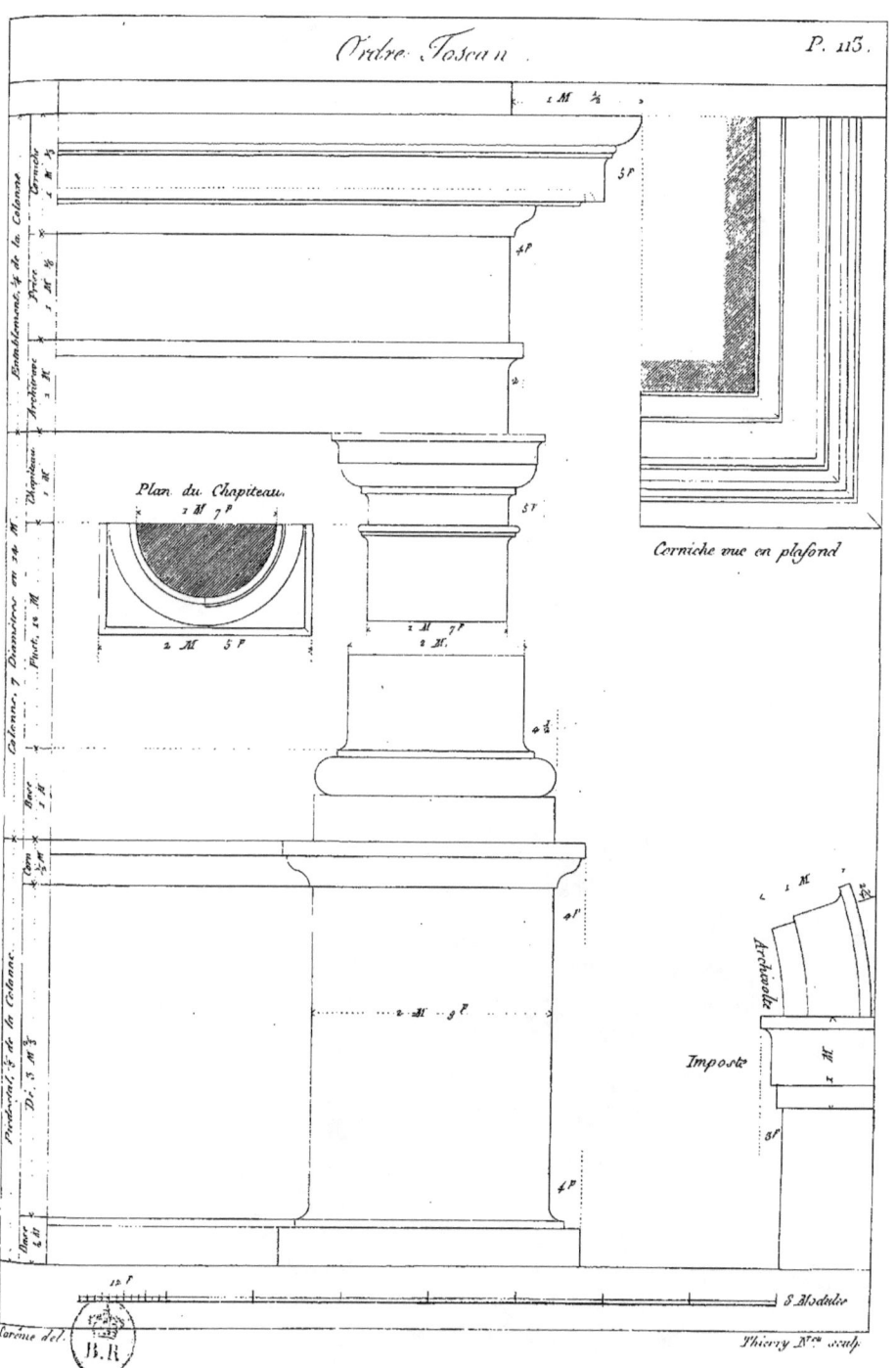

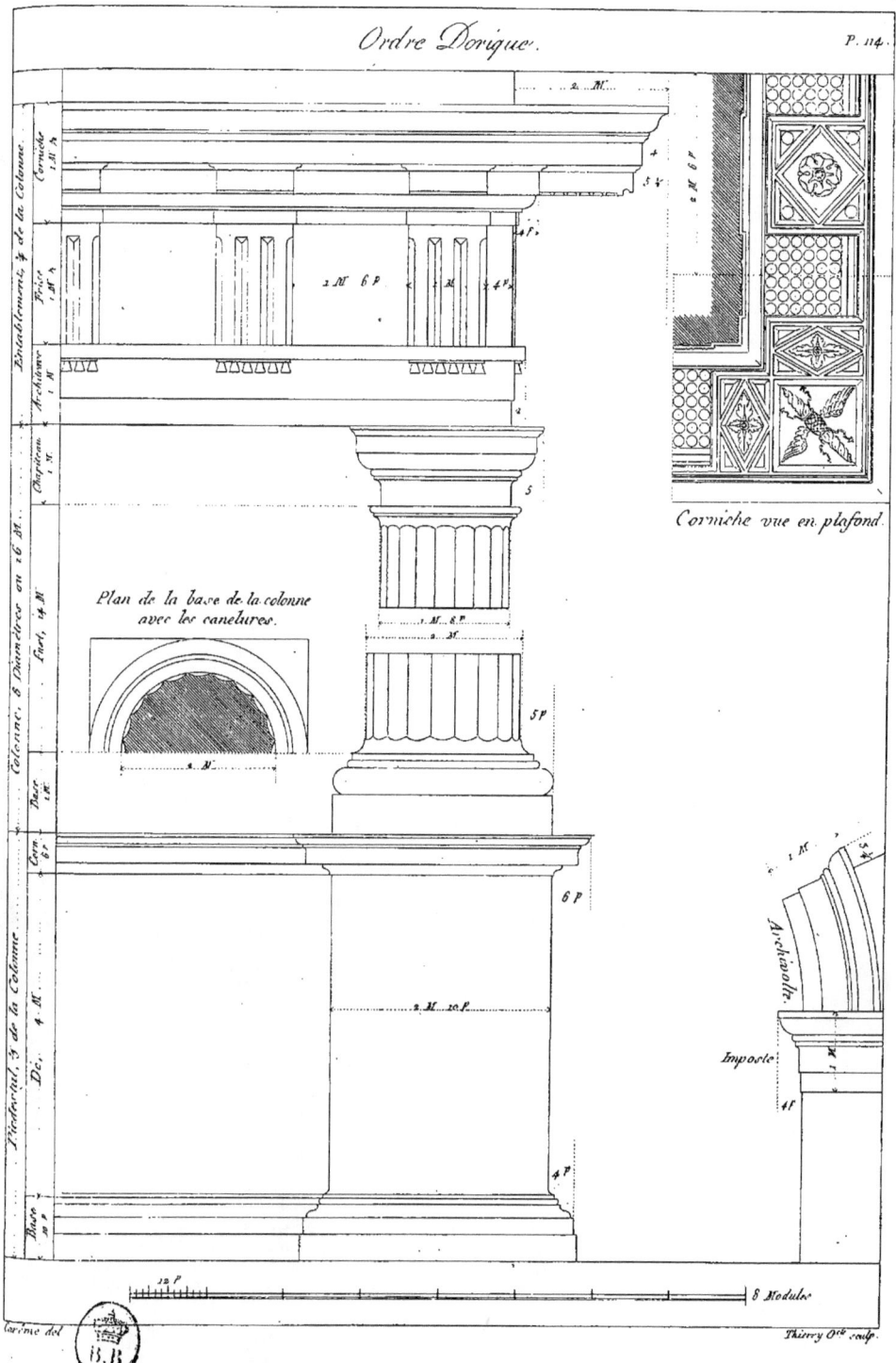

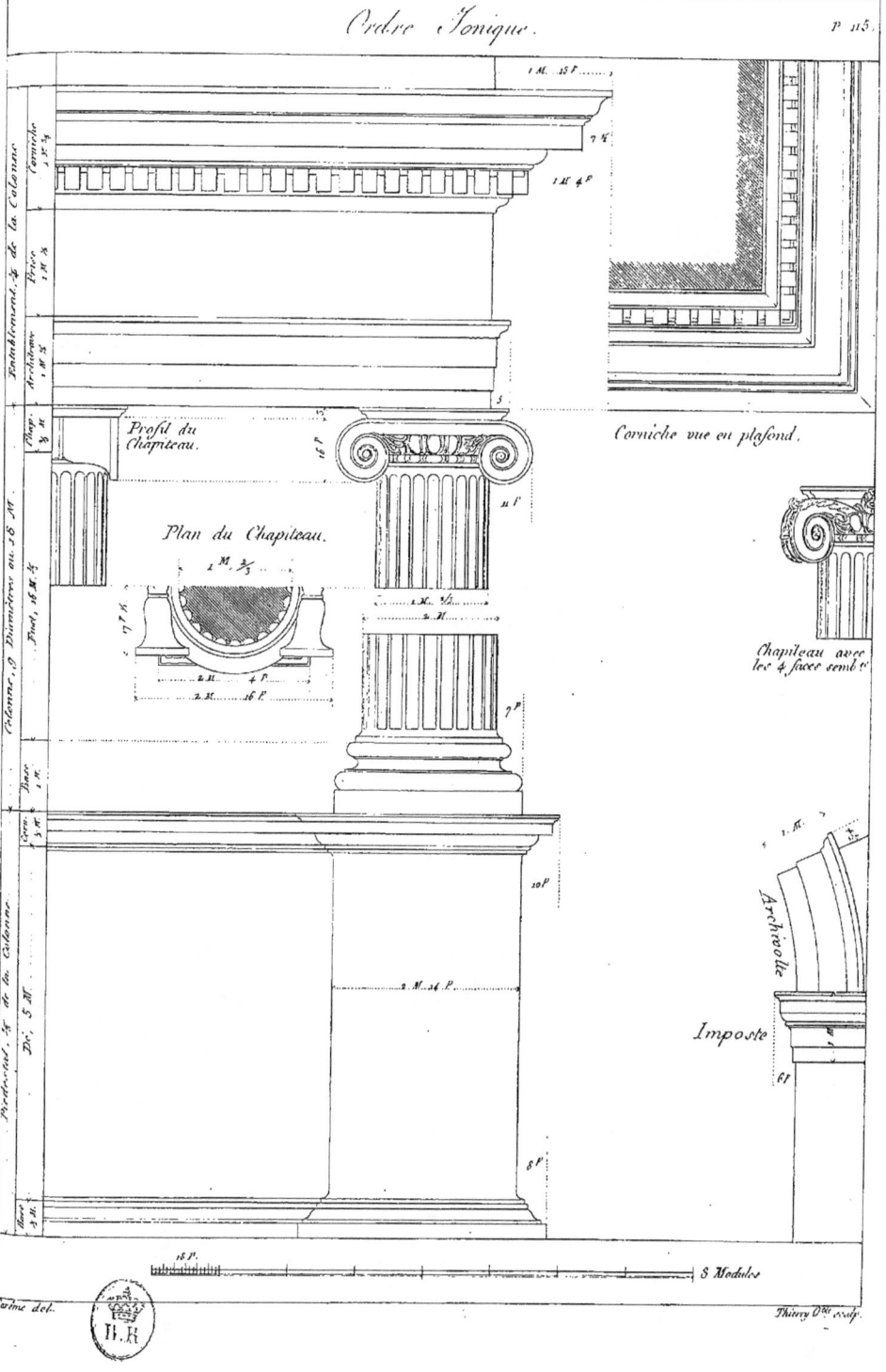

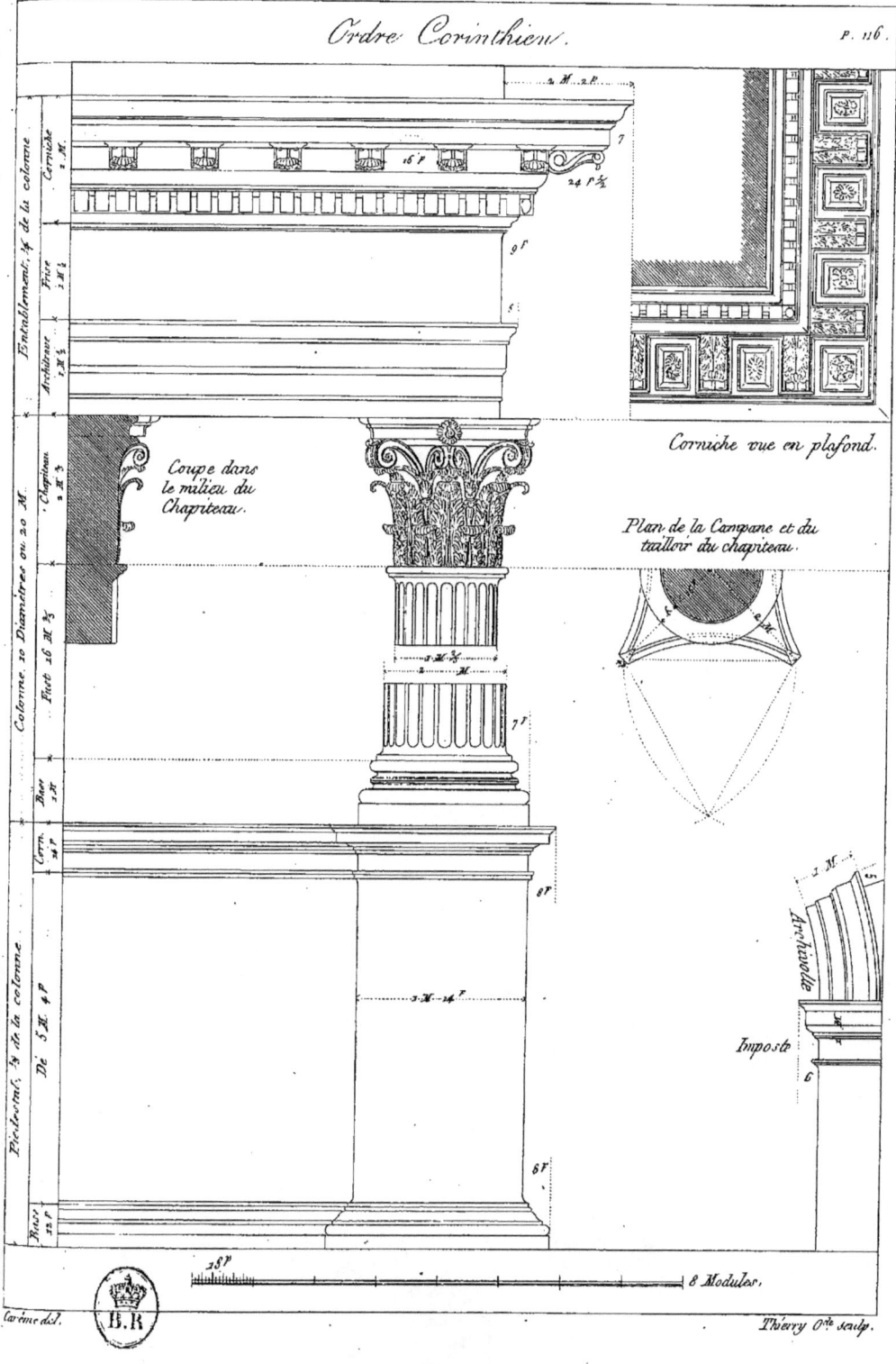

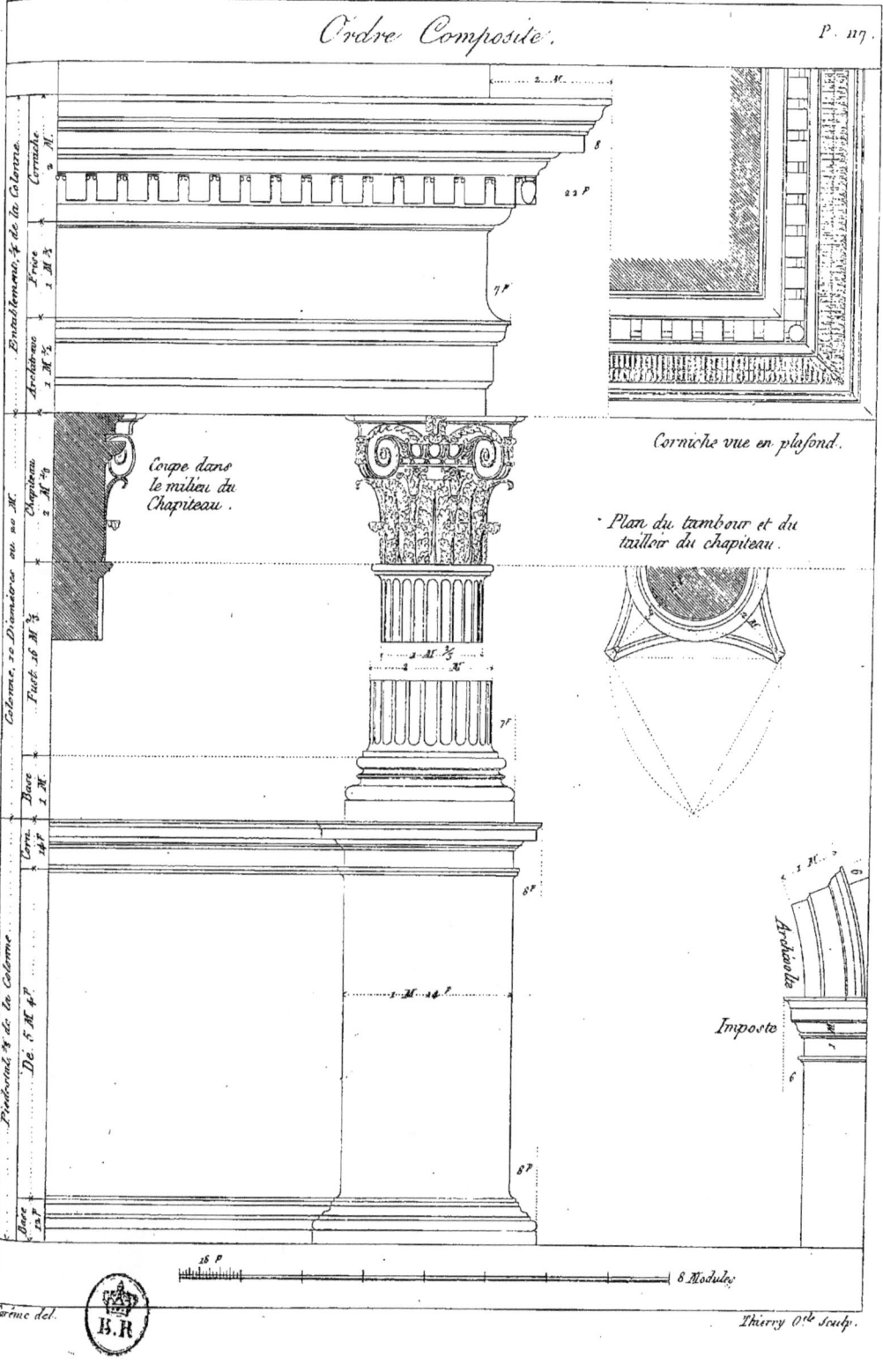

Caryatide. Grec. Égyptien. Chinois. Gothique.

Caryatides.

P. 119

L. Normand sculp.

Détails Grecs. P. 120.

Détails Egyptiens.

Détails Chinois

Détails Gothique.

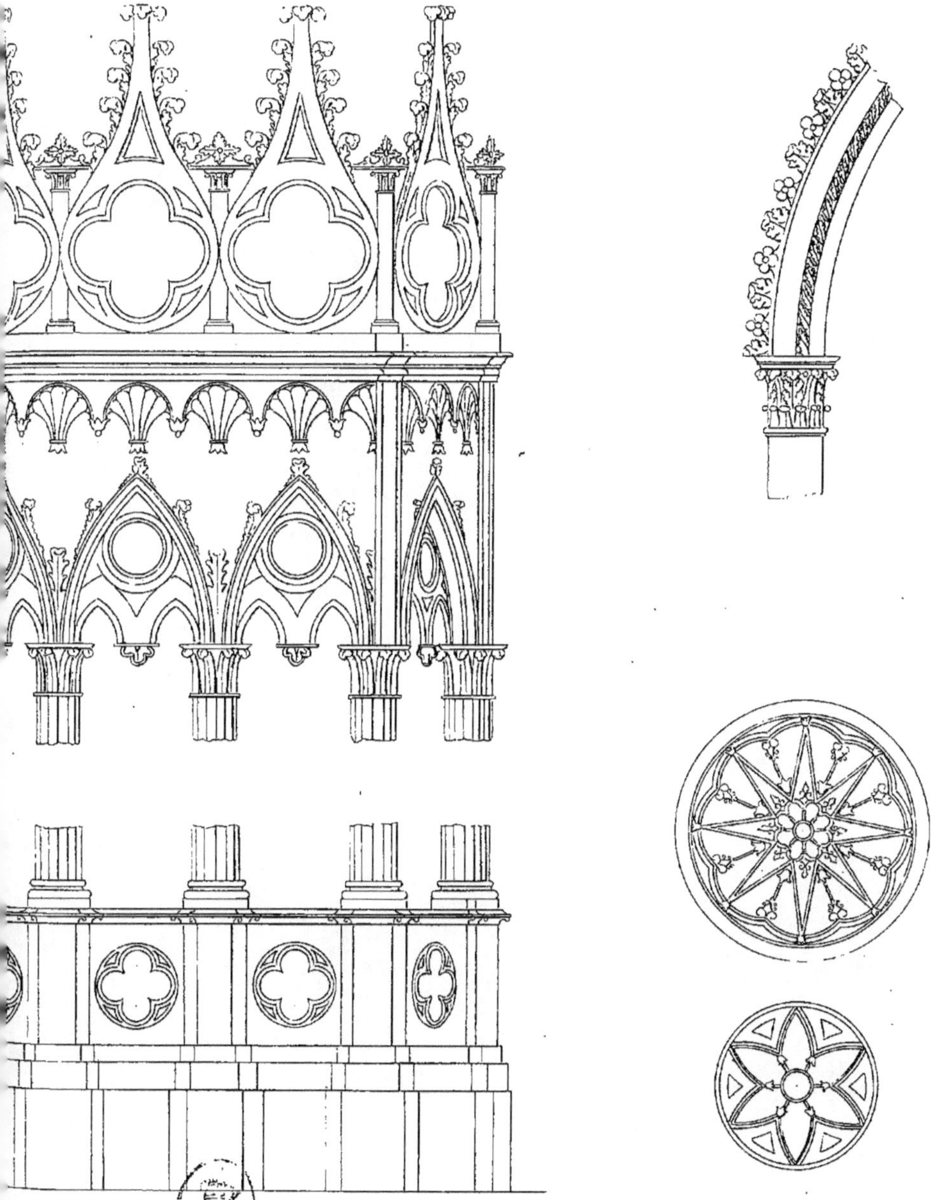

P. 12.

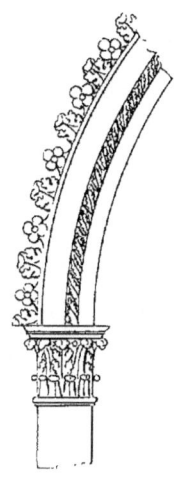

L. Normand scu.

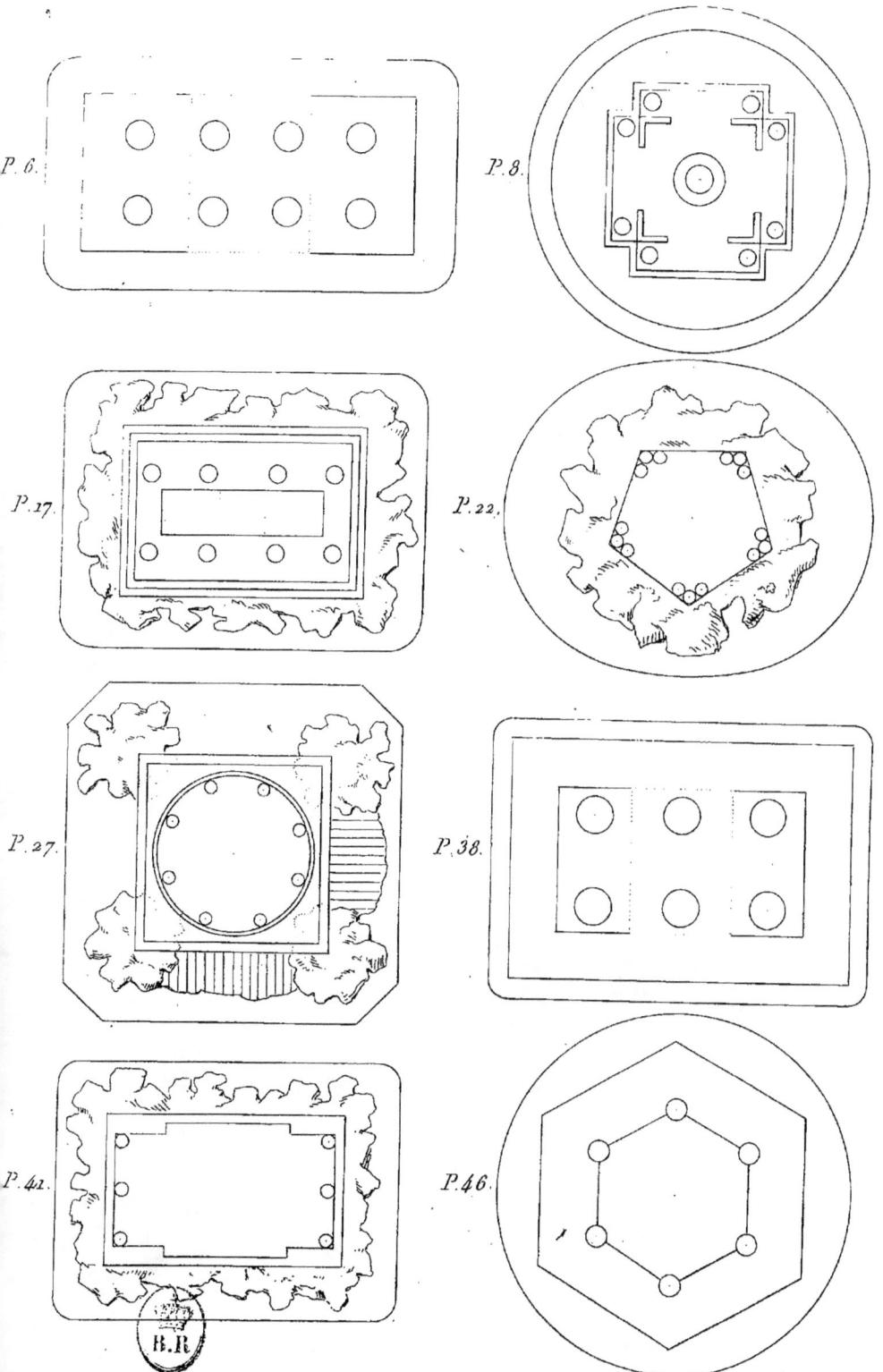

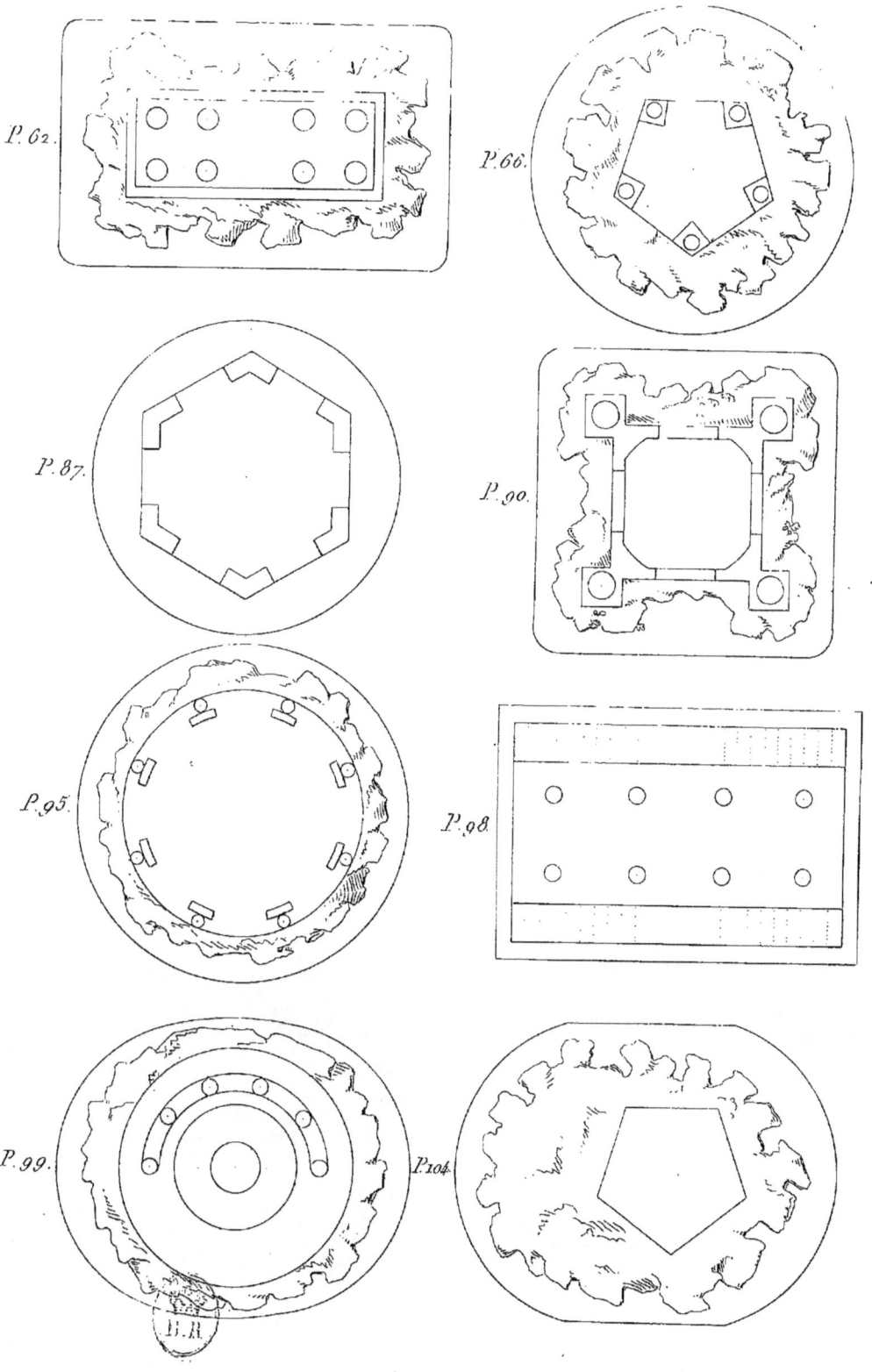

LE

PATISSIER PITTORESQUE.

PARIS. TYPOGRAPHIE PLON FRÈRES, RUE DE VAUGIRARD 36

LE
PATISSIER PITTORESQUE,

COMPOSÉ ET DESSINÉ

Par Antonin CARÊME, de Paris,

CONTENANT

CENT VINGT-CINQ PLANCHES GRAVÉES AU TRAIT,
DONT CENT DIX REPRÉSENTENT UNE VARIÉTÉ DE MODÈLES DE PAVILLONS, ROTONDES,
TEMPLES, RUINES, TOURS, BELVÉDÈRES, FORTS, CASCADES, FONTAINES,
MAISONS DE PLAISANCE, CHAUMIÈRES, MOULINS ET ERMITAGES;

PRÉCÉDÉ

D'UN TRAITÉ DES CINQ ORDRES D'ARCHITECTURE, SELON VIGNOLE; AUQUEL ON A JOINT DES DÉTAILS
DES ORDRES CARIATIDE, POESTUM, ÉGYPTIEN, CHINOIS ET GOTHIQUE; TIRÉS DU PARALLÈLE
DES MONUMENTS ANTIQUES ET MODERNES.

NOUVELLE ÉDITION, REVUE, TRÈS-AUGMENTÉE.

PARIS.
AU DÉPOT DE LIBRAIRIE,
RUE DES MOULINS, 8, PRÈS DE LA RUE THÉRÈSE, 11.

1854

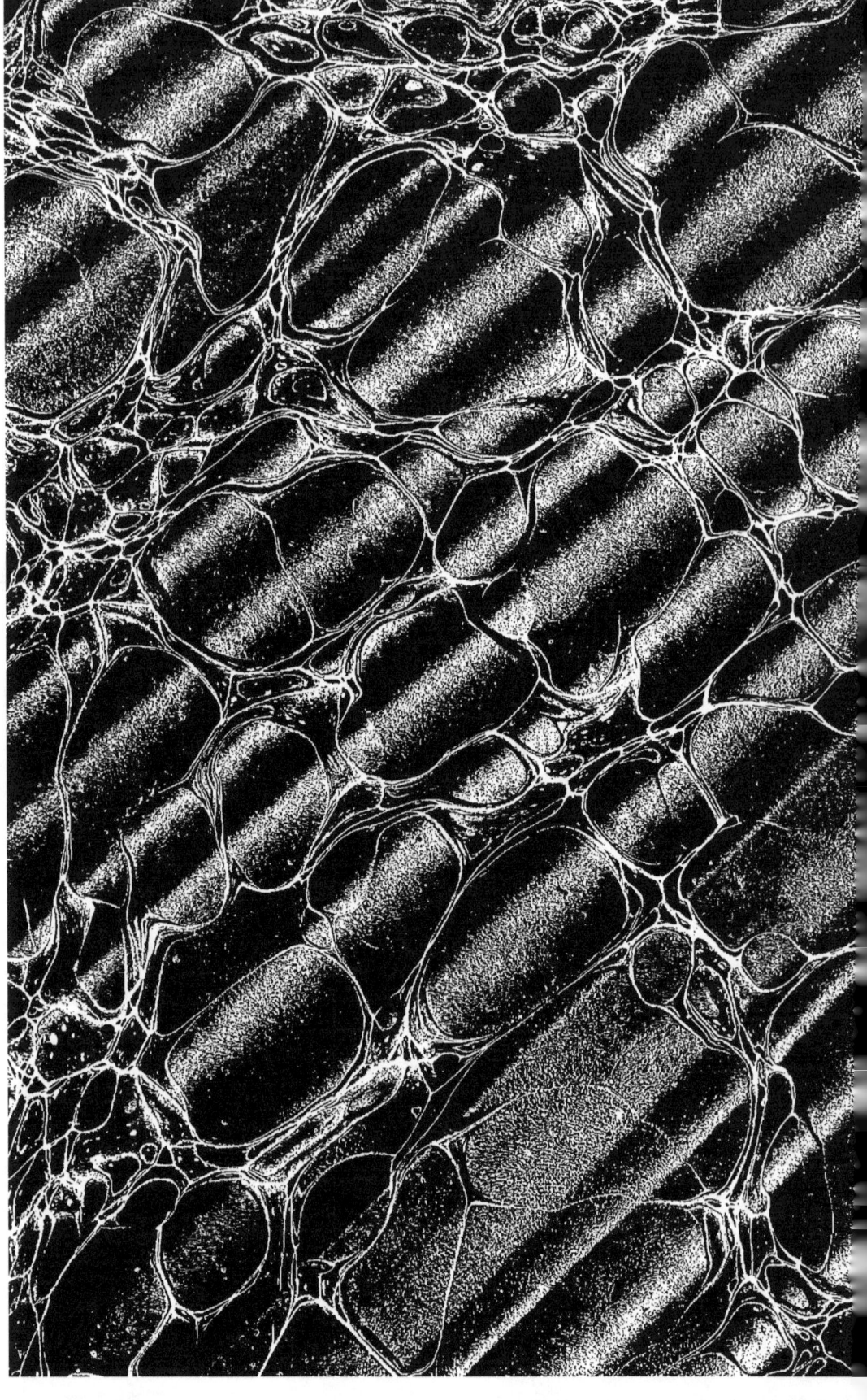

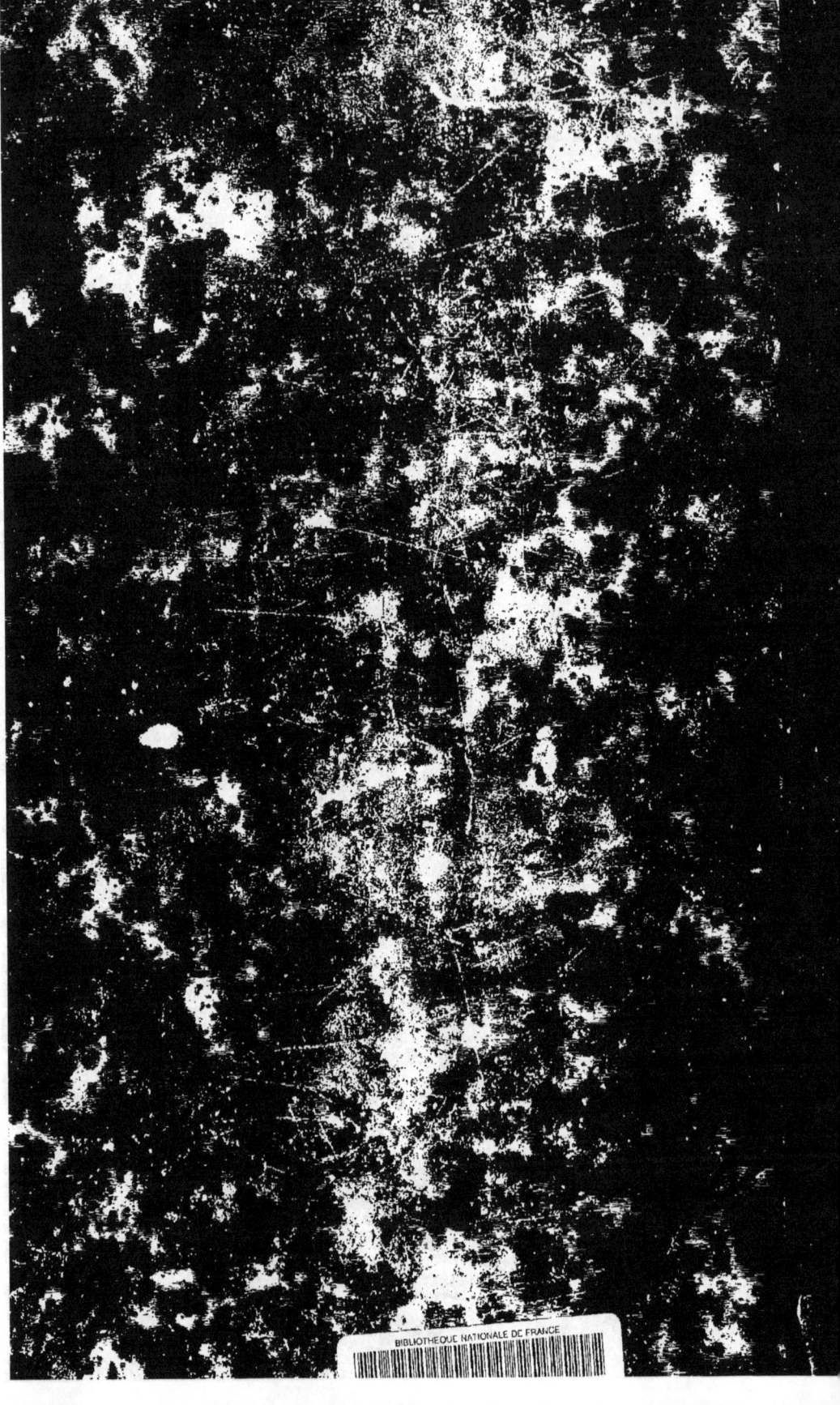

www.ingramcontent.com/pod-product-compliance
Lightning Source LLC
Chambersburg PA
CBHW070611160426
43194CB00009B/1252